토익 공부보다
돈 공부

생각의 방향을 바꿔
고달픈 돈벌이에서 벗어나기

이권복(꿈꾸는 자본가) 지음

토익 공부보다 돈 공부

한스미디어

프롤로그 - 모든 게 거짓이었지만

좋은 대학교를 가면 좋은 직장에 들어가서 부자로 살아갈 수 있다고 생각했다. 부모님은 물론이고 학교 선생님들까지 모두 공부를 열심히 하면 잘 살 수 있다고 말씀하셨다. 그런데 막상 대학교에 와서 맞닥뜨린 현실은 그렇지 않았다. 1학년 때부터 학점과 토익 공부를 열심히 해도 취업이 쉽지 않았다. 부모님과 선생님들이 말씀하신 그런 미래는 존재하지 않았다.

물론 대학교에 입학한다고 해서 순진하게 엄청난 부자가 될 것이라고 상상한 건 아니었다. 하지만 뉴스에서 언급되는 대기업 정도는 조금만 노력하면 수월하게 갈 것이라는 기대는 있었다. 하지만 현실은 훨씬 어려웠다. 대기업은커녕 중소기업에 원서를 써도 서류합격조차 쉽지 않은 것이 현실이었다.

뜻밖의 배신감에 방황하던 내가 돈 공부를 해야겠다는 생각을 한 것도 이때쯤이었던 것 같다. 더 이상 선생님과 부모님의 말씀대로 해도 부자가 될 수 있을지 없을지 모른다는 현실은 스스로 '어떻게 하면 부자가 될 수 있을까?'라는 질문을 갖게 만들었다. 그런 질문에 대한 답을 찾고자 내가 가장 먼저 한 것은 세계 부자들의 순위를 확인한 것이었다. 대략 100위까지 나와 있었던 것으로 기억하는데 나는 10위까지만 확인했다. 10위까지 살펴보니 세계 부자들은 대부분 기업을 세웠거나 기업에 투자한 사람이었다. 기업을 세운 사람들은 IT기업이 많았는데 대부분 프로그래밍을 하여 소프트웨어를 통해 인류의 삶을 바꿔놓은 사람이었다. 나는 경영학을 전공하고 있었기 때문에 프로그래밍은 전혀 알지 못해서 이 진로를 택할 수가 없었고, 투자를 통해 막대한 부를 만든 사람들에게 관심이 갔다. 원래부터 경영학을 전공하고 있던 터라 기업에 관심이 많았고 복수전공을 통해 경제학을 전공하면 투자에 대한 기초지식을 쌓을 수 있다고 판단했다.

본격적으로 주식투자를 시작한 것도 이 무렵이었다. 당시 마르크스의 《자본론》을 읽으면서 노동자로서 잘사는 것은 굉장히 어렵다는 생각을 했고, 부자가 되기 위해서는 프롤레타리아가 아닌 부르주아로서 생산수단을 가져야 한다는 사실을 알게 되었다. 마르크스가 살던 시대에는 생산수단이 공장이었지만, 내가 사는 시대에서는 공장 이외에도 주식이나 부동산 등이 모두 생산수단을 소유할 방법이었다. 부동산은 기본적으로 들어가는 투자금이 어느 정도 있어야 한다는 판단 아래 가지고 있는 용돈으로 주식투자를 본격적으로 하기 시작했다. 현대사회에서 직장인으로 살아간다는 것은 마르크스가 말한 프롤레타리아로 살아가는 것을 뜻하기 때문에 부를 모으는 데 있어 한계가 있음을 명확하게 알았다. 그래서 주식을 취득하여 기업의 이윤, 즉 자본가들의 이윤을 함께 나누고자 했다.

도서관에서 책만 읽으면서 돈에 대한 공부를 했다면 지루해서 오래 하지 못했을 것이다. 더군다나 주변 친구들과 선배는 모두 취업을 위해서 토익 공부와 학점공부를 하는데 나 혼자 이상한 돈 공부를 하는 것은 굉장한 용기가 필요한 일이었다. 주변 사람들은 책을 읽는 나를 이상하게 생각했고, 급기야 지도교수님도 책 읽는 것을 줄이고 학교공부에 신경 쓸 것을 당부하기도 하셨다. 하지만 학교 공부를 열심히 해서 좋은 직장에 들어가 좋은 직원이 돼서는 절대 부자가 될 수 없다는 결론을 내린 나에게 그들의 이야기는 잘 들리지 않았다. 중간고사와 기말고사 기간이 되면 시험공부를 해놓지 않아 스트레스를 받기도 했지만, 시험 기간이 끝나면 언제 그랬냐는 듯이 즐겁게 다양한 책들을 읽어가며 투자에 대한 지식을 쌓을 수 있었다.

책을 읽으며 혼자 공부를 하다가 모르는 개념이나 어려운 이야기가 나오면 교수님께 질문해서 궁금증을 풀었고, 학교 행사로 사회에 진출한 선배님과 만날 기회가 있으면 적극적으로 참여해서 현업에 종사하는 전문가의 관점이나 통찰력을 배울 수 있었다. 비록 학교에서 배우는 공부는 열심히 하지 않았지만, 돈 공부는 열심히 했다.

돈 공부를 하면서 종잣돈의 중요성을 알게 된 나는 악착같이 소비를 줄여가며 모든 용돈을 투자했다. 한 달에 10만 원씩만 저축해도 1년에 120만 원을 저축할 수 있었고, 이 돈은 그대로 주식을 사는 데 썼다. 학교 수업 시간에 배운 회계 지식으로 재무제표를 살펴보고, 학교 도서관에서 투자 대가들의 투자철학을 익히며 내가 모은 소액의 돈을 가지고 조금씩 투자 경험을 쌓아나갔다.

그렇게 얼마나 되었을까. 대학교 3학년 때쯤 2,000만 원 정도의 돈이 주식으로 운용되고 있었다. 투자를 통해서 불어난 것도 있었지만, 정말 아끼고 저축해서 모은 돈도 꽤 있었다. 장기투자를 원칙으로 했다. 손실을 최대한 피하는 단타투자(짧은 기간 동안 여러 번씩 사고파는 방법) 보다는 한번 분석한 종목이 괜찮다 싶으면 꾸준히 주식을 사는 전략을 추구했다. 그렇게 산 주식이 목표수익률에 도달하고, 새로운 투자종목을 발견하면 주식을 팔아 수익을 얻고 새로운 종목에 다시 투자하는 식으로 계속 종잣돈을 불려 나갔다. 1년도 채되지 않는 기간 동안 50%가 넘는 수익을 본 적도 있었고 적게는 오랜 기간 동안 2%의 수익률을 본 경우도 있었다.

이런 활동을 얼마나 반복했을까. 아낄 수 있는 돈은 최대한 아껴서 투자의 종잣돈으로 활용하고, 투자를 계속하자 26세에 1억 원이라는 돈을 은행 계좌에 찍을 수 있었다. 그때의 감격은 잊히지 않는다. 1억 원이라는 금액이 가져다주는 그 자체의 느낌보다는 직장생활을 하지 않고서도 이 돈을 모았다는 사실이 감격스러웠다. 내가 나중에 본격적으로 돈을 벌기 시작하면 이보다 훨씬 빠른 속도로 돈을 모을 수 있다는 자신감이 생겼다. 내가 내 돈으로 직접 주식투자를 하고 돈 공부를 하면서 얻은 가장 큰 수확이었다.

고등학교 때를 생각해보면 우리는 수학을 잘하기 위해서 수학학원을 다녔고, 영어를 잘하기 위해서 영어학원을 다녔다. 부모님 역시 그런 과목을 못 하면 학원에 보내는 것을 당연하게 여기셨다. 돈도 마찬가지다. 돈을 많이 벌고 싶다면 돈 공부를 해야 한다. 수학 공부를 하지 않으면 수학을 못 하는 게 당연하듯, 돈 공부를 하지 않으면 돈을 모을 수 없다. 그런데 우리는 이러한 사실을 애써 무시한다. 오로지 좋은 직장에 들어가서 높은 연봉을 받는 것이 부자가 되는 길이라고 생각한다. 하지만 그 길이 가장 위험한 길이다. 수많은 부자가 그렇게 이야기한다. 어느 정도 안정적인 삶을 살아갈 수 있을지는 몰라도 결코 부자가 될 수는 없다.

그래서 돈 공부는 빠르면 빠를수록 좋다. 돈에 대해 많이 알면 알수록 그만큼 돈 벌 기회를 잡을 가능성이 커지고, 실제로 돈을 번다.

남들보다 먼저 돈 공부를 시작한 여러분은 남들보다 먼저 부자가 될 기회를 마주할 게 분명하다. 그러니 제대로 된 돈 공부를 해보자. 돈에서 자유로워질수록 우리는 더 나은 삶을 살 수 있다.

목차

제1부 산산이 무너져버린 명문대 성공공식

제2부 아무도 가르쳐주지 않았던 돈 공부

제1부

산산이 무너져버린 명문대 성공공식

01.
무너져버린
명문대 성공공식

대학교가 나의 인생을 보장해주리라 생각했다.

나의 고등학생 시절은 대부분의 대한민국 고등학생이 그러하듯 오로지 '명문대'밖에 없었다. 오전 8시부터 밤 9시까지 이어지는 학교생활. 입시공부 외에는 모든 것이 사치이고 쓸모없는 것이었던 암흑 같은 그 시기를 버텨낼 수 있었던 것은 이 단어 한마디 때문이었다.

인문계 고등학교를 졸업한 나는 고등학교에 다니는 내내 학교 선생님, 학원 선생님 그리고 부모님으로부터 명문대에 가야 성공한 인생을 살 수 있다는 말을 들으며 성장했다. 지금 생각해보면, 정말 말도 안 되는 소리지만 그 당시에는 명문대를 가야만 성공할 수 있고, 지방대를 가면 실패한 삶인 줄 알았다. 행여 재수라도 하면 인생이 망하는 것으로 생각했으니 그 시기에 대학교 입시에 대한 부

"

대학만 가면
다 해결된다.

"

토익 공부보다 돈 공부

담감이 얼마나 컸는지 짐작할 수 있을 것이다. 그래서 나는 대학교를 가는 데에만 고등학교 3년의 세월을 온전히 바쳤고, 그렇게 대학교에 입학 했다.

» **고등학교 때는 대학교만 가면…**
   대학교 때는 대기업만 가면…

그러나 막상 대학교에 입학해 마주친 현실은 고등학교 내내 들어왔던 말과는 사뭇 달랐다. 대학교만 들어가면 다 해결된다는 선생님과 부모님의 말씀은 대학교에 다니기 시작한 지 얼마 되지 않아 사실이 아님을 알았다. 도서관에서 학점과 토익 공부, 인·적성 문제집을 풀고 있는 선배의 모습은 대학교가 끝이 아니라 또 다른 시작에 불과하다는 것을 보여주고 있었다. 그렇다. 이젠 대학교가 아니라 대기업이었다.

과거에는 선생님과 부모님 말씀대로 정말 대학교만 가면 모든 것이 해결되는 시기가 있었다. 전설처럼 들려오는 이야기에 따르면, 아버지 세대가 대학교를 졸업한 시절에는 학점이 아무리 낮아도 입사원서 몇 장 쓰면 기업에서 서로 데려가려 했다고 한다. 입사원서를 100군데 써도 한 군데 붙기 어려운 지금은 상상도 하기 힘든 일이다. 그 시기엔 고등학생 때 죽으라 열심히 공부해서 좋은 대학교에 입학하면, 취업은 큰 문제가 되지 않았다. 대학교 생활을 적당히 즐기면서 졸업해도 말이다. 그래서 선생님과 부모님은 그토록 대학교만 가면 모든 것이 해결된다고 말씀하셨던 것이 아닌가 생각한다. 본인들이 살던 시대를 떠올리면서 말이다.

하지만 이제는 시대가 달라졌다. 1997년 IMF 사태를 겪으면서 평생직장이라는 개념이 점차 사라지더니, 이제는 시도 때도 없이 구조조정을 한다는 뉴스가 심심치 않게 들린다. 기업의 CEO는 실적이 좋으면 좋아서 이럴 때일수록 위기의식을 가져야 한다고 말한다. 또 실적이 나쁘면 나빠서 위기라고 이야기를 하며 희망퇴직을 비롯한 구조조정을 한다. 직원을 가족이라고 부르고, 처음 입사한 직장이 평생직장이 되는 과거와는 다른 시대다.

이러한 사회변화는 우리 사회에서 통용되던 '명문대 성공공식'에도 영향을 주기 시작했다. 명문 대학교에만 가면 취업에 대한 걱정 없이 좋은 직장에 들어갈 수 있다는 성공 방정식은 경제가 저성장 국면에 들어서면서 금이 갔다. 기업이 성장하지 못하자 일자리가 급격히 줄어들었고 더 이상 명문대학교를 졸업하더라도 높은 연봉의 좋은 직장은커녕 취업 자체가 쉽지 않은 상황이 발생했다. '인구론(인문계 구십 퍼센트가 논다)', '문송합니다(문과라서 죄송합니다)', '이송합니다(이과라서 죄송합니다)', '공취생(민간 기업의 채용인원에 한계가 있다 보니 일반기업과 공무원 시험을 둘 다 준비하는 것)', '취업인류(공무원 시험에 합격 후 취업을 해야 비로소 인류로 진화한다는 뜻)' 등의 신조어가 생긴 것도 이러한 현실을 잘 보여준다.

물론 이런 와중에도 스펙 8종 세트라 불리는 학벌, 학점, 토익점

수, 어학연수, 자격증, 봉사활동, 인턴, 수상경력을 갖추고 취업에 성공하는 사람도 있다. 그럼 이제 이 사람들은 안정적인 삶을 살아갈 수 있을까? 명문대를 졸업하고 좋은 직장에 들어가기도 어렵지만, 직장을 구한 사람도 마음을 놓기 어렵다. 응시자 수가 이미 20만 명이 넘어선 공무원 시험의 열기는 직장을 구하고도 녹록지 않은 현실을 보여준다.

무한도전 멤버 〉 명문대학교 졸업 + 고시 합격

자녀가 서울대학교에 입학하면 마을에 현수막을 붙이고 잔치를 하던 시기가 있었다. 좋은 고등학교에 가서 명문대학교에 입학하여 고시에 합격하는 것이 우리 사회의 성공공식이었기 때문이다. 꼭 고시가 아니더라도 좋은 대학교를 졸업하면 좋은 직장에 들어가 가정을 꾸리고 안정적인 삶을 꿈꾸는 게 가능했던 때가 있었다. 그래서 우리의 부모님은 자신들의 노후대비는 뒤로하고 소득 대부분을 자녀들의 사교육비로 쏟아부었다. KDI 선임연구위원의 조사 결과에 따르면 과한 사교육비가 가계 부채를 낳아 빈곤한 노년층을 만든다고 하니 우리 자녀가 명문대학교만 입학하면 성공한 삶을 살게 될 것이라는 믿음이 얼마나 강한지 짐작할 수 있다.

하지만 애석하게 이제는 명문대를 졸업하더라도 좋은 일자리를 보장받는 시대가 끝났다. H카드 대표이사의 졸업식 축사처럼 명문대를 졸업하고 고시에 합격하는 것보다 예능프로그램인 무한도전의 멤버가 되는 것이 더 대단한 시대가 되었고, 대학교에서 고졸자의 강연을 듣는 것이 스티브 잡스나 마크 저커버그 사례로만 끝나지 않을 것이기 때문이다.

"명문대 성공방정식은 끝났다"는 이야기를 명문대학교를 가지 말라는 이야기 아니다. 좋은 대학교를 나온다는 것은 우리 사회에서 여전히 이점이 있다. 다만, 명문대를 졸업해서 고시를 본다거나 대기업에 입사하는 것으로 이어지는 성공방정식에 대해서는 한 번 더 생각해보자는 것이다.

» 달라진 성공 방정식: 다양해진 성공 루트

우리가 사는 사회는 더 이상 성공 루트가 하나라고 이야기하지 않는다. 과거에는 오로지 좋은 대학교에 가서 고시 합격하는 것만이 돈도 많이 벌고, 권력과 명성을 얻는 유일한 길이었다. 이제는 꼭 그 길을 걷지 않아도 충분히 많은 돈을 벌고, 사회적인 영향력을 가질 수 있게 되었다. 특히 많은 돈을 벌어서 경제적 자유를 이루는 것이 목적이라면 더욱더 그렇다.

누구나 그러하듯, 나는 잘살고 싶어서 좋은 대학교에 가고 싶었다. 좋은 대학교에 가면 높은 연봉을 받을 수 있고, 좋은 배우자를 만나 풍요롭고 행복한 삶을 살아갈 수 있다고 생각했기 때문이다. 하지만 현실은 그렇지 않았다. 그래서 대학교에 입학하고 나서 그토록 허탈하고 방황했었는지도 모르겠다.

그렇게 얼마나 방황했을까. 나는 대학교만 가면 모든 게 끝이 아니라는 사실이 허무나 절망이 아니라는 것을 뒤늦게 깨달았다. 그것은 오히려 더 큰 가능성의 발견이었다. 좋은 대학교에 가서 고시를 봐야지만 잘 살 수 있던 시대에서 이제는 굳이 좋은 대학교를 나오지 않아도, 힘들게 고시를 보지 않아도 내가 하고 싶은 일을 하면서 풍요롭고 안락하게 살 수 있는 시대가 온 것을 알았기 때문이었다.

02.
이렇게 열심히만 살면
내가 원하는 삶을 살 수 있을까

무언가를 열심히 하는 것은 좋은 일이다. 무언가를 위해 노력하면, 결과물은 어떤 형태로든 나오기 때문이다. 그래서인지 "주어진 일에 최선을 다하라", "무슨 일이든지 가리지 말고 열심히 하라"는 식의 이야기가 많이 들린다. 물론 틀린 말은 아니다. 하지만 조금은 위험할 수 있다.

» 지하철 첫차를 타는 사람은 어떤 사람들일까

지하철 첫차를 타고 학교에 다니던 때가 있었다. 우리 집 근처의 지하철역 기준으로 첫차 시간이 오전 5시 38분이었다. "이렇게 이른 시간에 지하철을 타는 사람들은 누구일까?", "이렇게 부지런한 사람들은 도대체 어떤 삶을 살아가는 사람들일까?"라는 궁금증과 함께 지하철 안을 천천히 살펴보았다.

지하철을 타기 전에는 대기업의 고위 임원이나 회사 간부, 여의도의 증권맨, 대기업 사원들이 대부분일 것으로 생각했다. 남들보다 하루를 먼저 시작하는 성실성과 열정, 노력이 있어야지 높은 연봉을 받고 좋은 직장에 다닐 수 있다고 생각했기 때문이다. 하지만 실제로 살펴본 지하철 안의 모습은 너무 달랐다.

허름한 옷차림을 한 사람, 중국말을 하는 사람, 술에 만취해 첫차로 귀가하는 사람들이 대다수였다. 그중에서 가장 많은 사람들은 남루한 차림새로 어디론가 떠나는 사람들이었다. 그 사람들의 말을 조용히 들어보니 대부분 일용직 근로자들이었다. 하루 일하고 하루 먹고 사는, 흔히 말하는 막노동 일을 하는 사람들이 일자리를 잡기 위해서 가장 먼저 지하철을 타고 일터로 가고 있었다. 너무 놀라웠다. 나의 예상과는 너무나도 다른 사람들이 지하철 첫차를 타고 출근을 하고 있었다.

이런 사실을 알게 된 후, 조금 생각이 많아졌다. "이토록 아침 일찍부터 부지런히 일하는 사람들이 왜 잘 살지 못할까?"라는 질문이 내 머릿속을 맴돌았다. 열심히 노력하면 당연히 가장 성공하고 당연히 가장 잘 나갈 것이라고 생각했는데, 그게 아니라니. 역시 "우리나라는 불평등한 사회인 걸까?"라는 생각까지 들었다. 그런 생각을 머릿속에 담고 다닌 지 3개월 정도 지났을까. "노력이 전부가 아닐 수도 있겠다.", "노력만큼 중요한 다른 어떤 것이 있는 것은 아닐까?"라는 생각을 하기 시작했다.

흔히 이른 새벽을 여는 사람들을 꼽는다면 시장 상인들이 빠지지 않는다. 시장에 새벽부터 나와서 채소나 생선을 파시는 아주머니보다 부지런하고 노력하는 사람들이 과연 대한민국에 얼마나 될까?

아마 노력으로만 치면, 대한민국 상위 10% 안에는 거뜬히 들 것이다. 그런데 시장에서 물건을 파는 아주머니가 대한민국 상위 10%의 삶을 살고 있을까? 모아둔 재산이 대한민국 상위 10% 안에 들까? 통계청에 따르면, 통합소득 기준 대한민국 상위 10%의 소득은 1억 1천 974만 원을 벌어야 한다.*

물론 직접 물어보지 않아서 소득이 얼마인지는 확인해볼 수는 없었지만 1년에 1억 원 이상을 번다면, 웬만한 대기업 부장급 연봉 이상이다. 장사가 안돼서 살기 어렵다는 시장 상인들의 인터뷰를 보면, 시장에서 1억 원 이상을 버는 사람은 많지 않아 보인다. 그 누구보다도 열심히, 부지런히 일하지만 그 노력에 따른 보상은 제대로 받지 못하는 것이다. 왜 그럴까? 노력보다 중요한 무언가가 있는 것은 아닐까?

서울에서 여수를 간다고 해보자. 여수에 가는데 영동고속도로를 타고 가속페달을 밟아가며 열심히 운전만 하면 될까? 그러면 나는

---

* 박대한, "소득 양극화 심각... 상위 10%, 하위 10%의 72배 벌어", 〈연합뉴스〉, 2017.10.12

여수에 갈 수 있는 것일까? 아니다. 아무리 가속페달을 밟아도 영동 고속도로를 타고 여수를 갈 수는 없다. 노력하는 것 역시 중요하지만 노력하기에 앞서 내가 무엇을 원하는지, 내가 생각하는 것이 어떤 것인지와 같은 방향성을 먼저 고민해야 한다.

» 노력만 해서는 벗어날 수 없는 치킨집의 늪

대학교에서 경영학을 공부하고 있었지만, 뜻밖의 배신감에 방황하고 있었던 나에게, 지하철 첫차를 타고 느꼈던 경험과 감정은 의미가 컸다. 실제로 학교를 다니면서 주변 사람들이 하는 대로, 남들이 하는 대로, 학점공부와 토익 공부를 일단 열심히 해놓는 것이 맞는지 고민이 많았다. 일단 학점과 토익은 높으면 높을수록 좋다는 선배와 친구들의 말에 열심히 해보려고도 했다. 하지만 공부도 잘 안 되었을 뿐만 아니라 아무리 생각해도 눈앞이 깜깜했다.

내가 학점과 토익을 높게 받았다고 가정해보자. 학점은 4.3점 만점에 4.0점이고, 토익은 970점 정도로 말이다. 아마도 나는 경영학을 전공했으니 대기업의 인사, 회계, 마케팅과 같은 경영지원 직무에 지원하게 될 것이다. 물론 중소기업에도 원서를 쓰게 될 것이다. 취업 자체도 힘들지만, 힘들게 취업이 되었다고 해보자. 이제 나랑 비슷한 전공과 비슷한 스펙을 지닌 입사 동기와 함께 회사에 다니게 될 것이다. 다니는 동안에 회사가 망하지 않는다면, 승진에 대한 스트레스는 있겠지만 10년에서 15년 정도는 문제없이 회사에 다닐 수 있을 것이다.

문제는 40세가 넘어서다. '삼팔선(38세가 되면 명퇴)', '사오정(45세 정년)', '오륙도(56세까지 직장에 있으면 도둑놈)'라는 말이 있듯이 슬슬 회사를 그만둬야 하는 나이가 된다. 심지어는 입사와 동시에 퇴사를 걱정한다는 이야기도 들린다. 자의든 타의든 대부분의 직장생활은 50세를 넘기는 것이 굉장히 어려운 게 오늘날의 현실이다.

그런데 젊음을 회사에 다 바치고 40세, 50세가 넘어서 회사를 관두면 무엇을 할 수 있을까? 무엇을 할 능력도 갖춰놓기가 쉽지 않을 뿐더러, 자라나는 아이들에게 들어가는 교육비와 늘어만 가는 생활비를 감당하기도 쉽지 않다. 회사에 다니면서 임원까지 달아서 고액 연봉을 받으면서 오래도록 일할 수만 있다면 이런 걱정이 없을 것이다. 하지만 30대 그룹 상장사에 평사원으로 입사해 임원까지 될 확률은 0.86%라고 한다. 1%도 아닌 0.86%이다. 100명의 입사 동기가 있다면 그중에서 1명이 임원이 될까 말까 한 수준이다.

그렇게 회사를 관두면 실질적으로 선택할 수 있는 선택지는 많지 않다. 퇴직금을 가지고 음식점이나 프랜차이즈와 같은 자영업을 하는 게 가장 쉬운 선택지가 된다. 실제로 '치킨집 수렴공식'이라는 짤이 인터넷에서 이슈가 된 적이 있다. 무슨 진로를 선택하든지 치킨집을 차리게 된다는 우스갯소리인데 웃음이 나오지 않는다. 너무 현실적이기 때문이다. 실제로 우리나라의 치킨집 상황을 살펴보면,

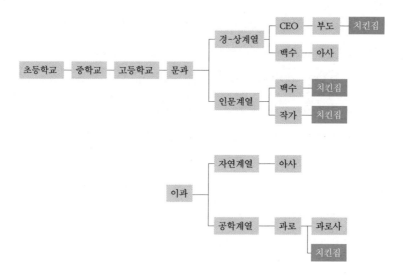

결론은 치킨집...(출처: JTBC 뉴스룸)

2018년 기준으로 치킨집의 수는 2만 개가 넘고 치킨 브랜드 숫자만 400개가 넘는다.[*] 이제는 편의점에서조차 치킨을 파는 것을 고려하면 말 그대로 치킨게임이다.

누군가는 이렇게 많은 치킨집이 존재한다는 것은 치킨집이 그만큼 잘되는 것 아니냐는 반론을 할 수도 있다. 잘 되면 좋겠지만, 3년 내 절반이 폐업을 하고 있다고 한다. 3년 내 절반이 폐업하고 또 다른 누군가가 새롭게 치킨집을 차리는 것이다.

---

[*] 최성호, "치킨집 전성시대", 〈스포츠서울〉, 2018.10.10

무엇을 선택하든지 치킨집으로 끝나는 이런 모습은 내가 원하는 삶이 아니었다. 학교에 입학해서 좋은 대학교를 위해 모든 것을 노력하고, 또다시 대학교에 입학해서는 대기업, 좋은 기업에 취업하는 것을 목표로... 눈앞에 보이는 산봉우리를 무작정 오르는 것은 내가 원하는 삶의 모습이 아니었다. 그래서 나는 대학교에 와서 눈앞에 보이는 산봉우리를 무작정 오르는 데 주저할 수밖에 없었다. 주변 사람들처럼 일단 학점과 토익점수를 따놓고 보자는 식의 생각은 하기 싫었다. 내가 원하는 인생, 내가 원하는 미래의 나의 모습을 좀 더 구체적으로 정해놓고 거기에 맞는 노력을 할 필요가 있었다.

» 백종원의 솔루션은 '더 열심히'가 아니라 '다르게'

최근 인기를 끌고 있는 〈백종원의 골목식당〉이라는 프로그램을 보면, 다양한 사연을 가진 가게들이 나온다. 그중에서는 정말 기본적인 노력조차 하지 않는 가게도 있지만, 이미 상당한 실력을 갖추고 열심히 노력하는데도 불구하고 어려움을 겪는 가게도 나온다. 백종원 씨는 이런 가게들에 솔루션을 제시해준다. 그런데 그 솔루션은 더 열심히 노력하라는 게 아니다. 백종원 씨는 이미 노력을 하는 가게들에 더 열심히 하라고 이야기하지 않았다. 대신 가게의 메뉴를 바꾸거나 줄이라고 이야기했다. 즉, 방향을 바꿔준 것이다.

어쩌면 백종원의 솔루션은 단순히 골목식당에만 해당하는 것이 아닐지도 모른다. 우리는 열심히 노력하지 않아서 치킨집을 차리게

"

그렇게 하시던 걸
이렇게 해보시라고.

"

되는 것일까? 정말 열심히만 노력하면 행복한 삶을 살아갈 수 있는 것일까? 그게 아니라면, 우리도 마냥 열심히 할 게 아니라 방향을 바꿔야 하는 게 아닐까.

03.
우리의 가난이
필연인 이유

학점과 토익 공부를 제쳐두고 책을 읽고 싶었다. 삶의 의미와 방향성, 내가 살아가고 있는 사회를 알고 싶었다. 자기계발서부터 에세이, 시, 정치, 사회, 경영, 경제 서적까지 호기심이 가는 책은 모두 읽었다. 학교 열람실에 앉아 아침 7시부터 밤 11시까지 나의 책 읽기는 계속되었다. 그렇게 읽은 책들이 내게 많은 가르침과 깨달음을 주었다. 특히 그중에서 애덤 스미스의 《국부론》과 마르크스의 《자본론》을 여기서 이야기하고 싶다. "왜 우리는 노력을 많이 해도 잘 살 수 없는지"에 대해서 말이다.

» **믿을만한 경제학자가 말하는 자본주의 사회**

마르크스는 산업사회가 부르주아와 프롤레타리아 계급으로 나누어진다고 생각했다. 부르주아는 자본가 계급이고 프롤레타리아는 노동자 계급이다. 부르주아 계급은 자신의 자본을 투입하여 공장과 같은 생산시설을 짓는다. 그리고 애덤 스미스의 보이지 않는 손에 따라 생산 공정을 분업화하여 효율을 극대화한다.

실제로 애덤 스미스가 쓴 《국부론》에 따르면, 한 사람의 노동자가 제조 공정 전체를 맡으면 하루에 핀 스무 개 정도를 겨우 만들 수 있지만 10명의 노동자가 제조공정을 18단계로 나누어 작업하면 하루에 4만 8천 개를 만들 수 있다고 한다. 산업이 고도화되면 될수록 제조공정이 복잡해지고 길어지니 이를 쉬운 작업별로 쪼개면 숙련도가 높아져 일의 효율성이 높아지는 것이다.

그런데 문제는 생산성이 이렇게 급증했는데도 부르주아 계급만 부유해지고 프롤레타리아의 삶은 여전히 궁핍하다는 것이다. 우리는 18단계의 제조공정을 통해 생산된 4만 8천 개의 옷핀이 왜 한쪽으로 쏠리는지에 대해 한 번쯤 고민해볼 필요가 있다. 다행히도 이 문제에 대해 우리보다 먼저 고민한 사람이 있었으니 바로 마르크스다. 그는 이러한 부의 불평등에 대해 부르주아와 프롤레타리아 사이에 '착취'가 이루어지고 있기 때문이라고 생각했다.

상품이라는 것은 원료에 노동력이 투입됨으로써 만들어진다. 따라서 상품의 가격도 '원료의 가격+노동력의 가격'으로 이루어져야 한다. 그런데 실제 상품 가격은 이보다 비싸게 매겨진다. 이윤이 있기 때문이다. 마르크스는 그 이윤이 부르주아 계급의 주머니로 들어가기 때문에 부르주아는 점점 부유해지지만, 프롤레타리아는 점점 가난해진다고 생각했다.

이렇게 부르주아 계급의 주머니로 들어가는 돈을 마르크스는 '착취'라고 보았다. 예를 들어 300원에 팔리는 상품이 있는데 원재료의 가격이 100원이고 노동력의 가격 역시 100원이라고 가정해보자. 그러면 하나의 상품은 200원으로 만들어지므로 상품이 팔릴 때마다 100원의 이윤이 남는다. 이 100원에는 프롤레타리아 계급의 몫이 있는데 부르주아 계급이 이를 가로채서 부르주아 계급이 더욱더 부유해진다는 것이다.

실제로 18세기 초반 산업사회 초창기에는 공장주가 노동자에게 주는 임금이 아주 적었다. 거의 목숨을 연명하는 수준으로 임금을 지급했다고 보면 된다. 그 당시에는 최저임금을 보장하는 법도 없었으니 근로자들은 자신들의 몫을 제대로 받지도 못한 채 일을 했다. 물론 지금 우리가 사는 시대는 그렇지 않다. 근로기준법이라는 것이 있어 근로환경이나 근로시간 등이 모두 법적으로 정해져 있다.

초과근무를 하면 초과 수당도 요구할 수 있다. 최저임금제가 있어서 부당하게 낮은 임금을 받는 일도 없어졌고, 해고도 쉽게 할 수 없다. 18세기 산업 시대 초기와 비교해보면 노동자들을 보호하는 제도가 많아졌다. 하지만 이것으로 정말 좋은 세상이 된 것일까? 4만 8천 개의 옷핀은 부르주아 계급이 독점하지 않고 프롤레타리아 계급에 적절하게 분배되고 있는 것일까?

우리가 살아가고 있는 지금의 사회도 여전히 '착취'가 이루어지고 있다. 좀 더 교묘하게 눈에 띄지 않게 말이다. 국가의 GDP는 성장하고 대기업 재벌 총수는 점점 더 많은 돈을 벌고 있다. 그런데 소득분위 하위 계층의 숫자 역시 늘어나고 있다. 여전히 빈익빈 부익부 현상이 일어나고 있다. 이 시대의 착취는 단지 법이라는 테두리 안에서 시장 논리라는 명분으로 비밀리에 일어나고 있을 뿐이다.

이렇게 조용한 착취가 일어나는 이유는 여러 가지가 있다. 특히 여러 원인 중에서도 자본가와 노동자의 경계가 점점 모호해지고 있는 것이 가장 크다. 누가 자본가이고 누가 노동자인지 구분 짓기가 어려워졌다는 이야기다. 쉽게 말해, 자본가이면서 노동자인 사람들이 증가했다.

사회적으로 큰 문제가 되는 '고령화 사회' 이야기를 해보자. 고령화 사회로 진입하면서 여러 가지 문제가 생겨나고 있지만, 그중에서도 연금 문제를 빼놓을 수 없다. 국가에서 만 65세 이상자에게 돈을 주는 것인데 그 돈이 어디서 오느냐의 문제다.

과거에는 노인이 적고 젊은 층이 많았다. 노인 1명의 연금을 젊은이 10명의 세금으로 주는 셈이었다. 노인 1명이 연금을 10만 원을 받는다고 가정하면 젊은이들은 1만 원씩만 내면 되었다. 액수가 크지 않고, 일하는 젊은이들이 많았기 때문에 큰 문제가 아니었다. 그런데 이제는 상황이 달라졌다. 노인 1명을 젊은이 3명이 부양하게 된 것이다. 젊은이들의 숫자도 줄어들었지만, 양질의 일자리에서 경제활동을 하는 젊은이는 이보다 더 적어졌다. 젊은이들은 안 그래도 자기 몫을 가지고 살아가기도 힘겨운데 노인들의 몫까지 떠맡게 된 것이다. 즉, 세대 간 착취가 일어나고 있다. 젊은 세대의 세금을 거둬들여 노인 세대에게 돈을 주는 착취 말이다. 그런데 이런 착취가 과연 연금 문제에만 있을까?

우리가 사는 주거 문제에서도 착취를 볼 수 있다. 대학교를 타지로 오거나 취업에 성공한 사람들은 학교나 직장 근처로 거주지를 옮길 수밖에 없다. 가족들의 생활 터전이 있으므로 가족들이 전부 이사 올 수는 없는 상황이고 조그마한 원룸을 하나 구해서 생활하게 된다. 원룸의 가격은 지역마다 다르지만 매달 30~70만 원 정도 된다. 시장 원리에 따라 형성된 가격이고 타지에 집이 없으니 방을 구하는 건 너무나 자연스러운 현상이다. 하지만 이런 지극히 자연스러운 모습에도 사실 착취구조가 숨어 있다.

» 착취인 듯 착취 아닌 착취 같은 21세기형 착취

원룸의 주인은 이제 막 기업에서 은퇴한 부부다. 이들 부부는 기업에서 은퇴하고 마땅히 하는 일 없이 방을 놓아 임대료로 생활하고 있다. 물론 임대수입 일부는 집을 살 때 받은 대출이자를 내는데 지출해야 한다. 당장 집을 살만한 목돈이 없는 이들은 은퇴 부부가 내놓은 방을 얻기 위해 자기 근로소득의 상당 부분을 주거비로 지출해야 한다.

18세기 부르주아 계급이 공장을 소유하여 돈을 벌었던 것과 마찬가지로 요즘의 은퇴 부부는 집을 가지고 돈을 번다. 연금을 받는 노인이나 원룸을 소유한 은퇴 부부를 부르주아 계급이라고 딱히 부르긴 어렵다. 이들은 프롤레타리아면서 동시에 부르주아이고, 부르주아면서 동시에 프롤레타리아이기 때문이다. 이처럼 부르주아와 프롤레타리아의 경계가 모호해지고 중첩되면서 이 시대의 '착취'가 교묘히 가려지게 된 것이다.

대학생이 그토록 선망하는 대기업 취업도 크게 다르지 않다. 이것은 18세기 초반 공장에 취업하려는 노동자의 모습과 차이가 없다. 물론 지금은 커리어니 경력관리니 승진체계를 갖추어 개인의 성장과 발전을 장려하고 근로 환경이나 복지제도도 많이 좋아졌다. 하지만 그 끝은 결국 다르지 않다. 0.86%의 사람들만 임원이 될 수 있을 뿐이고 그마저도 몇 년 하지 못한다. 오죽하면 임원이 '임시직원'의 약자라고 하겠는가. 나머지 99.14%의 사람들은 명예퇴직, 구조조정 등의 명분으로 결국 더 이상 일하지 못한다.

대기업의 월급이 중소기업에 비해서 많다고는 하지만 입사하면서 자동차 할부 갚아나가고, 자동차 할부를 다 갚을 때쯤이면 결혼해서 아파트 융자를 갚아야 한다. 그러다보면 어느새 50대가 되어버린다. 빚져서 빚 갚다가 인생의 좋은 날을 다 보내는 것이다. 결국 대기업의 취업 인생도 얼마간의 돈을 받으면서 일을 하지만 결국 막대한 부는 오너가 다 가져가는 것으로 끝이 난다. 노동자에게 남은 것은 빚과 늙음뿐이다.

그나마 빚이 없으면 다행이다. 설령 빚 없이 은퇴하더라도, 퇴직 후의 삶을 위해 또 다른 빚을 지는 게 현실이다. 도대체 누가 빚만 갚다가 젊은 시절을 다 보내고 마는 인생을 원할까? 아마 아무도 없을 것이다. 나 역시 원치 않는다. 단지 원하든 원하지 않든 우리 사회의 구조가 그렇게 가게끔 되어있을 뿐이다. 그래서 주어진 길을 가다 보면 나도 모르게 저런 삶을 살 가능성이 커진다. 남들도 다 그렇게 살고 있으니 사는 게 다 그런 거지라고 생각하며 말이다. 오늘날 착취는 이렇게 교묘하게 이뤄지고 있다. 시장 논리와 법이라는 테두리 속에서 합법적으로 말이다.

04.

내가 회사를 위해 존재하는가,
회사가 나를 위해 존재하는가

'윈윈'이라는 말이 있다. 서로 다른 협상 주체가 그 협상을 통해 한쪽만 이익을 보는 것이 아닌 양쪽 모두가 이익을 볼 때 쓰는 말이다. 상호 간에 서로 이익이 된다는 뜻에서 윈윈Win-Win이라고 한다. 윈윈이라는 것은 어찌 보면 협상을 하는데 너무 당연한 원칙 중 하나다. 한 쪽이 불이익만 당하게 된다면 불이익을 당하는 주체는 그 협상을 하지 않으려 할 것이기 때문이다.

하지만 협상이라는 것은 한쪽에 불리한 결과를 낳기도 한다. 어찌 되었든 누군가와 협상을 할 때는 내 이익은 물론이고 상대방의 이익까지 나는 것이 가장 좋고, 내가 손해 보는 것이 가장 나쁘다. 둘 다 나쁜 결과가 나오는 경우는 아예 협상이 되지 않을 테니 고려할 필요가 없다. 이러한 협상은 국가, 기업, 개인 누구를 대상으로 하든 마찬가지다.

하지만 우리는 종종 불합리한 협상을 하곤 한다. 특히 기업과 개인이 근로계약을 맺을 때 더욱더 그렇다. 기본적으로 기업은 조금이라도 저렴한 비용으로 우수한 인재를 고용하려고 하는데, 양질의 일자리는 적고 일을 하겠다는 사람은 많다 보니 구직자의 입장에서 연봉협상을 하기가 어렵다. 사실상 통보에 가까운 고용계약의 불평등은 어제오늘의 일은 아니다. 역사적으로도 그래왔다. 늘 일을 하고 싶어 하는 노동자의 수는 일자리의 수보다 많기 때문에 역사적으로 노동자는 늘 약자였다.

» 약자일수록 더 불리한 불평등한 고용계약

19세기 초 영국의 자본가들은 공장을 짓고 노동자들을 고용하기 시작한다. 급격한 산업의 발전으로 일할 수 있는 남성이 부족해지고 인건비가 높아지다 보니, 대안으로 여성과 아동을 노동자로 쓰기 시작한다. 당시 여성과 아동은 하루 노동시간이 12시간에서 16시간에 이를 정도로 오랜 시간 일을 하였지만, 남성보다 적은 임금을 받았다. 일을 하고자 하는 여성과 아이들이 많았기에 그들은 자본가들의 불합리한 고용계약을 받아들일 수밖에 없었다. 내가 일을 하지 않는다고 해도 다른 누군가가 그 일을 할 것이기에 임금협상의 여지가 없었다.

이는 18세기 영국만 해당하는 이야기가 아니다. 우리나라도 상황이 비슷했다. 1960년대 청계천 평화시장 인근은 의류 상가와 제조업체들이 밀집되어 있었다. 1층은 주로 상가로 이용되고 2~3층은 제조업체들이 이용하고 있었는데 공장은 대부분 영세했다. 2평남짓한 공간에 13명의 노동자가 일을 하는 곳도 있었고, 13평 정도의 공간에 50명이 일하는 공장도 있었다. 이처럼 좁은 공간에 많은 수의 노동자를 모아놓고 일을 시키다 보니 환경이 매우 열악했다. 햇빛도 비치지 않는 다락방에서 하루 14시간 이상씩 일을 하였다. 특히 봉제 공장에서 일을 하는 노동자들은 대부분 13~17세의 어린 여성들이었는데 초과근무수당도 제대로 받지 못한 채 장시간 저임금 노동을 하고 있었다.

이런 노동자의 처우와 권리에 대한 문제는 본질적으로 그들을 고용하는 자본가들과 이해관계가 다른 데서 발생한다. 앞서 말한 대로 자본가들은 노동자들에게 가급적 임금을 적게 주려고 한다. 그래야 비용을 줄일 수 있고, 줄인 만큼 자신들의 이윤은 더 커질 테니까 말이다. 하지만 반대로 노동자는 임금을 많이 받을수록 유리하다.

이처럼 자본가와 노동자는 이해의 방향이 다르기 때문에 타협하고 협력하기가 쉽지 않다. 그래서 대립을 하게 되는데 자본을 많이 소유한 자본가를 사회적 약자인 노동자가 이기기란 쉽지 않다. 물론 일부 노동자들은 강력한 노동조합을 만들어 그들끼리 똘똘 뭉쳐서 그들의 몫을 잘 쟁취하기도 하지만 그건 그야말로 소수의 이야기다. 대부분의 노동자는 자본가에게 대항할 힘조차 지니고 있지 않다.

» 회사만 성장하는가 나도 성장하는가

그래서 고용계약을 하기 전에 나의 이해관계와 기업의 이해관계를 잘 따져보는 것이 중요하다. 그렇지 않으면 나를 위해 회사가 존재하는 것이 아니라, 회사를 위해 내가 존재하는 비극이 발생한다. 다행히 다양한 산업이 존재하는 오늘날에는 반드시 기업과 노동자의 이해관계가 상반되지만은 않는다.

우리가 TV에서 자주 보는 연예인을 떠올려보자. 그리고 엔터테인먼트 산업의 비즈니스 구조를 생각해보자. 1인 소속사로 활동을 하는 연예인들도 있지만, 대부분의 연예인은 소속사와 계약을 해서 활동을 한다. 아직 방송 출연 경험이 하나도 없는 신인들도 그러하고, 이름만 대면 알만한 톱스타들도 그렇게 한다. 소속사와 계약을 통해서 연예인들은 연기, 노래 등 방송 활동에 필요한 다양한 레슨과 피부 관리, 코디, 패션 등을 지원받는다.

이런 엔터테인먼트 비즈니스 구조를 놓고 연예인과 기획사의 이해관계를 한번 따져보자. 일단 연예인은 많은 작품에 나와서 활동하는 게 좋다. 다양한 작품 활동을 통해서 출연료는 물론 명예와 인기까지 얻을 수 있기 때문이다. 대중들의 쏟아지는 관심이 많으면 많아질수록 그 연예인의 인기는 높아지고 수입도 많아진다.

기획사 역시 높아져 가는 소속 연예인의 인기가 나쁘지 않다. 소속 연예인이 왕성한 활동을 해서 벌어들이는 수익이 높으면 그 수익을 나누기 때문에 기획사 역시 이득이다. 기획사에서는 오히려 연예인이 연예 활동에만 집중할 수 있도록 매니저는 물론 차량, 피부 관리, 건강관리, 평판 관리 등 많은 일을 대신해준다.

이처럼 엔터테인먼트 산업의 경우 자본가인 기획사와 노동자인 연예인의 이해 방향이 서로 같기 때문에 자본가가 노동자를 착취하지 않는다. 오히려 연예인이 더욱더 성장하여 자신에게도 더 많은 이익이 오게끔 한다. 노동자 역시 자신이 하는 일에 대한 마땅한 대가를 받는 게 가능하다. 어느 한쪽이 지나친 요구를 하면 이 둘의 관계는 지속할 수 없기에 서로가 합리적으로 생각하는 적절한 선에서 임금협상을 할 수 있다. 그리고 서로 잘 돼야 궁극적으로도 서로에게 득이 된다.

이런 이야기는 엔터테인먼트 사업에만 국한되는 게 아니다. 보험판매원의 이야기를 해보자. 보험판매원은 보험사로부터 고용계약을 맺고 보험상품을 소비자에게 소개하고 판매하는 사람을 말한다. 여기서 보험사는 보험판매원을 고용한 자본가가 되고, 보험판매원은 보험사에 고용된 노동자가 된다.

일단 보험판매원은 보험을 많이 판매할수록 좋다. 보통 보험사와 보험판매원 간의 고용계약은 '기본수당 + α'의 형태로 근로계약을 맺게 되는데 보험 판매량이 많으면 많을수록 급여가 높아지는 구조이기 때문에 보험판매원 입장에서는 많이 파는 것이 본인의 수익 증가에 도움이 된다. 보험사의 입장에서도 보험판매원이 보험을 많이 파는 게 좋다. 판매량이 증가할수록 보험판매원에게 지급해야 하는 급여가 증가하는 게 사실이지만, 급여로 나갈 비용보다 상품의 판매로 벌어들이는 수익이 더 크기 때문에 보험사의 입장에서도 보험판매원이 자사의 보험을 많이 팔수록 유리하다. 즉, 보험사와 보험판매원의 이해관계는 서로 일치한다. 그래서 보험사에서는 일정한 기준에 도달해야만 이름을 올릴 수 있는 '명예의 전당' 같은 제도를 두어 보험판매원에게 동기를 주고 있다.

물론 연예기획사와 보험회사의 인사제도가 바람직하다고 말하는 것은 아니다. 다만, 직원들의 우수한 성과에 대해 이익을 나누는 구조를 주목하자고 말하고 싶다. 대부분 기업은 직원에게 정해진 월급만 준다. 기업은 엄청난 성과를 내어도 늘 위기를 강조하며 허리띠를 졸라맨다. 일부 좋은 기업은 충분히 기업의 성과를 직원과 나누기도 하지만 아직 많은 기업이 정해진 월급만 주고 직원들을 무제한으로 부려먹는다. 기업의 이익은 오너의 주머니로 들어가고, 직원들의 주머니는 늘 비어있다. 기업은 자꾸 커지고 부유해지는데, 직원들의 삶은 나아지지 않는다. 세계적인 경쟁력을 갖춘 기업은 늘어나고 있는데 중산층은 오히려 줄고 있다.

» 당신은 사축인가 회사의 동반자인가

현시대를 살아가고 있는 우리들이 회사에 들어가서 근로자로 근무하는 것은 지극히 평범한 일반적인 선택이다. 그런데 안타깝게도 근로자로서 살아가는 사람들의 모습들이 그렇게 좋아 보이지만은 않는다. 가정보다 회사가 먼저인 삶, 아침부터 밤늦게까지 이어지는 업무, 느닷없이 쏟아지는 상사의 잔소리, 갑질 등, 심지어는 폭행까지. 근로자로서의 나만 남고, 원래의 나는 점점 찾아볼 수 없게 된다. 나의 모든 것을 회사에 헌신하는, 이런 직장인의 모습을 두고 일본에서는 '사축'이라고 부른다. 가정이나 사생활도 없이 회사 일에 매진하는 직장인들이 자신들의 신세를 '회사에서 기르는 동물'이라고 생각해서 가축이 아닌 '사축'이라 비유한 것이다.

이해관계로 얽혀있는 상황에서 이해의 방향성이 다르면 힘이 강한 쪽으로 이익이 쏠리고 힘이 약한 쪽에는 손해가 몰리게 된다. 회사와 근로자라는 이해관계에서는 일반적으로 회사가 근로자보다 힘이 센 경우가 대부분이다. 이런 상황에서 사축이 아닌 나 자신으로서 존재하며 회사에 근무하기를 원한다면 나와 회사 간 이해관계의 방향에 대해서 꼭 따져보아야 한다. 그래서 그 방향이 서로 일치한다면 회사는 나를 착취의 대상이 아닌 든든한 지원군으로서 나의 삶을 더욱더 풍요롭게 만들어주는 동반자가 될 것이다.

05.

내가 꿈꾸는 삶은
어떤 삶인가

사람은 모두 다르다. 각기 다른 개성만큼이나 좋아하는 것과 싫어하는 것도 다르다. 그렇기 때문에 각자 살고 싶은 인생의 모습 역시 다를 수밖에 없다. 누군가는 결혼을 빨리하고 싶어 하고, 다른 누군가는 결혼하고 싶지 않아 한다. 어떤 삶이 좋고 나쁘다는 것은 없다. 단지 중요한 것은 자신이 원하는 인생을 살고 있는가이다. 앞서 말한 대로 좋은 대학교에 들어가서 대기업에 입사하여 행복한 가정을 꾸리는 삶 역시 나쁘지 않다. 그리고 사실은 그렇게 살기도 쉽지 않다.

하지만 자신이 꿈꾸는 삶의 모습이 이런 삶이 아닌데 굳이 그런 삶을 살아갈 필요는 없다. 그래서 우리는 스스로 '자신이 꿈꾸는 삶은 어떤 삶인가'에 대한 질문을 던져야 한다. 자신이 꿈꾸는 삶의 모습을 생각해볼 겨를도 없이 열심히만 사는 것은 마치 수학 공식을 이해하지 못한 채 무작정 답을 암기해서 문제를 푸는 것과 같다.

답만 맞으면 된다고 생각할 수 있겠지만, 그 답은 우연히 한번 맞을 수 있을지는 몰라도 계속해서 맞추기는 어렵다. 삶도 마찬가지다. 열심히 살다 보면 우연히 그 삶이 나와 잘 맞아 행복할 수도 있다. 하지만 그 우연은 오래가지 못하고 선택의 순간순간마다 행복은 위기를 맞을 것이다. 나 역시 그런 순간이 있었다. 열심히 살면 뭔가 성과가 나오고, 그 만족감에 내가 행복하다고 생각했었다. 하지만 그 행복은 결코 오래 가지 않았다. 행복이 나를 떠나갈 때마다 다시 불행이 찾아왔고, 그때 나 자신에게 물었던 것이 "내가 꿈꾸는 삶은 어떤 삶인가"라는 질문이었다.

» 나의 꿈은 다른 사람의 꿈과 같은가, 다른가?

서울 4년제 대학교에서 경영학을 공부한 나는 사실 정해진 선택지가 이미 있었다고 해도 과언이 아니었다. 재벌 그룹이라고 불리는, 수십 개의 자회사를 거느린 기업에 입사하는 것. 수많은 대학교 선배들이 그러했듯이 내 삶은 어쩌면 대학교 입학과 동시에 70% 정도는 결정되었을지도 모르겠다. 하지만 경영학을 공부해서 남들이 이름만 대도 알만한 대기업에 입사하여 행복한 가정을 꾸려 살아가는 삶이 나에게는 매력적으로 다가오지 않았다.

나의 꿈은 '회사원'이 아니었을 뿐더러 대기업에 입사하고자 그토록 열심히 공부한 것은 아니었다. 그뿐만 아니라, 대기업에 입사하고 나서의 그 끝을 보면 더욱더 회사에서 일하는 것이 내가 꿈꾸던 삶의 모습이 아니라는 생각이 들었다. 인생에서 좋다고 하는 20~30대의 시간을 다 바쳐 일했는데 50대가 되면 또 새 일을 찾아 나서야 하는 모습이 내게는 좋아 보이지 않았다. 회사 책상에만 앉아 있다가 새 일을 찾는다는 게 쉽지 않아 보였다. 대기업 월급이 많다고는 하지만 자동차 할부금, 아파트 융자 등 빚만 갚으면서 살아가다가 덩그러니 집 한 채, 차 한 대만 남기고 노후를 걱정해야 하는 노년의 모습도 내가 상상한 나의 미래모습은 아니었다.

그래서 나는 다른 길을 생각해야 했다. 다른 사람이 원하는 삶의 모습과 내가 원하는 삶의 모습이 달랐기에 다른 사람과는 다른 선택을 해야 했다. 남들이 콩 심을 때 같이 콩 심어놓고 내 것만 팥이 나길 기다리고 있으면 안 된다. 팥을 원하면 남들이 콩을 심을 때 팥을 심어야 한다.

물론 다른 선택을 한다는 것은 어렵다. 선배와 친구는 모두 학교 공부와 토익 공부를 하고 있는데 나 혼자 다른 걸 하고 있다고 생각해보자. 나만 잘못된 길로 가는 것은 아닐까, 내가 이래도 될까 하는 생각이 나를 지배한다. 또 그렇게 딴짓(선배와 친구의 입장에서)하고 있는 나를 주변에서 가만히 내버려 두지 않는다. 걱정으로 위장된 그들의 말과 시선은 다른 것을 하는 내게 불안감을 준다. 단지 남과 다른 것을 선택했을 뿐인데 두려움과 불안감을 느끼는 것이다. 그것이 설령 옳든 그르든 말이다. 그래서 남과 다른 것을 선택하는 게 쉬운 일이 아니다.

하지만 반대로 옳든 그르든 남들과 같은 선택을 하면 편안하고 안락함을 느낀다. 묘한 동질감과 동료의식이 생긴다고 할까. 그래서 대부분 대학교에 오면 학점과 토익 공부를 하는지 모르겠다. 선배도 친구도 후배도 모두 하고 있으니 일단 하는 것이다. 내게 필요하든 필요하지 않든, 뭔가 잘못되어도 다 같이 잘못된다는 묘한 안심이 된다. 일단 해놓으면 손해는 안 볼 것 같다는 느낌도 든다. 그래서 대부분 일단 학점과 토익점수는 잘 받아놓고 진로에 대한 고민은 천천히 하기로 한다. 그래야 마음이 편하기 때문이다.

» 어떤 삶을 원하든 돈은 필요하다

토익을 공부하든 공부하지 않든, 콩을 심은 사람이나 팥을 심은 사람이나 살아가는데 필요한 것은 '돈'이다. 자본주의 사회에서는 '돈'이 굉장히 중요하다.

실제로 우리가 하는 대부분의 고민은 '돈'과 관련된 경우가 많다. 직장 선택에 대한 고민, 이직에 대한 고민, 어떤 공부를 해야 하는지에 대한 고민까지도 돈과 관련되어있을 가능성이 굉장히 높다. 단순히 고민의 수준을 넘어서 경제적 궁핍으로 일가족이 동반 자살을 하는 뉴스나 돈 때문에 살인하는 사람이 있는 것을 보면, 이제는 돈이 사람을 부리는 지경에 이른 것 같다는 생각까지 든다.

하지만 우리나라에서는 아직 돈의 중요성을 경시하고 있는 것 같다. 유교 사상의 영향으로 물질적인 것보다는 정신적인 가치가 더 중요하다고 생각하기 때문이다. 돈은 천하고 충성심, 효도심, 예의, 지조, 절개 등이 중요하다는 생각 말이다. 물론 지금은 돈이 더 중요하고 이런 것들이 중요하지 않다는 말이 아니다. 단지 충성심, 효도심, 예의, 지조, 절개만큼이나 돈 역시 중요하다고 말하는 것이다. 돈이 없으면 그러한 소중한 것들을 지켜내기가 쉽지 않기 때문이다.

자본론의 저자 마르크스 또한 상부구조와 하부구조를 이야기하면서 물질의 중요성을 이야기했다. 마르크스는 하부구조가 상부구조를 결정한다고 했는데, 하부구조는 경제적 생산양식을 의미하고 상부구조는 정치, 교육, 문화, 법률 등을 의미한다. 쉬운 말로 경제가 정치, 교육, 문화, 법률 등과 같은 사회제도를 변화시키고 결정한다는 의미다. 우리가 살아가는 사회에서 경제가 얼마나 중요한 부분을 차지하고 있는지 알 수 있다.

사실 이는 개개인에게 적용해도 크게 다르지 않다. 먹고 사는 문제가 해결되지 않으면 교육이든 문화생활이든 다른 활동을 할 여력이 없다. 생존에 대한 최소한의 문제가 해결되어야 개인들도 다양한 활동을 할 수 있다. 그렇지 않으면 개인의 삶은 먹고 사는 문제에만 집중돼 다른 활동을 하지 못할 것이다.

그래서 '돈' 문제를 가장 중요한 문제라고 생각했다. 왜냐하면 나는 '돈'에 휘둘리는 삶을 살고 싶지 않았기 때문이다. 돈이 인생의 전부가 아니라는 사실을 너무 잘 알고 있었기 때문에 오히려 돈 문제를 빨리 해결할 필요가 있었다. 돈 때문에 내가 살고 싶은 인생을 살지 못한다고 상상해보자. 얼마나 불행한가. 그거야말로 돈의 노예가 아닌가. 그래서 돈이 필요했고 돈이 중요했다. 돈에 휘둘리는 삶이 아니라 진짜 내가 꿈꾸는 삶을 살기 위해서 말이다.

하지만 돈을 많이 버는 방법에 대해서는 아무도 얘기해주지 않았다. 어렸을 적에는 "학생은 공부만 잘하면 된다"는 암묵적 분위기도 있었던 것 같다. 가끔 누군가에게 돈에 대한 이야기를 들을 때가 있어도, 그들이 하는 말들은 거의 비슷했다. 아르바이트해서 돈을 벌다가 높은 학점과 토익점수를 가지고 대기업에 입사하는 것, 또는 지금이라도 전문직 시험이나 고시공부를 해 높은 연봉을 받는 직업을 갖는 것. 그것이 주변 사람들이 말하는 돈 많이 버는 길이었다.

그렇기 때문에 높은 학점을 따야 했고, 토익점수를 990점에 가깝게 만들어야 했다. 그러면 장학금도 받을 수 있고, 연봉이 높은 회사에 입사하기도 수월해지니까 말이다. 그런데 정말 그렇게 사람들이 말하는 방법대로 하면 내가 꿈꾸던 삶을 살아갈 수 있는 것일까. 돈에 휘둘리지 않는 자유로운 삶은 그렇게 얻을 수 있는 것일까. 안타깝게도 나는 그런 삶을 산 사람 중에 경제적 자유를 이뤄, 여유롭고 행복한 삶을 살아가는 사람을 만나볼 수 없었다. 아마 모두 회사에 다니느라 바빠 나 같은 사람들을 만날 시간이 없어서였을 것이다.

결국 내가 꿈꾸는 삶을 살기 위해선 다른 방법을 찾아야 했다. 그들이 알려준 방법으로는 내가 꿈꾸는 삶을 살아갈 수 없다는 것을 알았다.

제2부

아무도 가르쳐주지 않았던 돈 공부

01.

우리가 돈 공부보다
토익 공부에 열심인 이유

　대한민국의 모든 대학생은 토익 공부를 할 수 밖에 없다. 일단 대부분 학생이 취업을 하기 위해서 토익을 공부해야 하고, 행정고시 같은 공무원 시험을 보는 학생들도 토익을 공부해야 한다. 심지어는 대부분의 대학교에서 졸업요건으로 토익점수를 몇 점 이상 받도록 요구하고 있어 토익을 보지 않으면 학교를 졸업할 수조차 없다.

　대기업에 입사하고자 하는 학생도, 중소기업에 입사하고자 하는 학생도, 고시를 보는 학생도, 창업 하려는 학생도. 모두가 토익 공부를 해야 하고, 토익점수가 필요한 세상이다. 나 역시도 토익 공부를 했었다. 취업하기 위해서가 아니라 행정고시 응시자격에 토익 700점 이상이라는 조건이 있어서 토익점수가 필요했다. 국가공무원 일을 하면서 토익이라는 것이 얼마나 중요한지는 알 수는 없었지만 나는 공무원 시험에 응시하기 위해서 토익 공부를 해야 했다.

토익 공부를 하면 실제 업무에서 유용하게 쓰인다든지, 또는 나의 영어 실력이 향상된다면 하는 것도 나쁘지 않다고 생각한다. 글로벌 시대에 영어를 배워서 나쁠 것은 없을 테니까. 하지만 현실은 그렇지 않다. 토익에서 아무리 고득점을 맞아도 영어 회화 한마디 하지 못하는 것이 현실이다. 도대체 토익 시험은 어떤 시험이길래 영어 실력이 늘지 않는 것일까?

토익은 R/C와 L/C로 나뉘고 4가지의 보기 중 정답 하나를 찾는 객관식 시험이다. 짧은 시간 동안 200문제를 풀어야 한다. 문제를 하나하나 천천히 읽고 고득점을 맞기란 쉽지 않다. 시간 자체가 부족하기 때문이다. 그러다 보니 온갖 편법과 꼼수가 난무한다. 토익이라는 것이 비즈니스 영어 능력을 테스트하기 위해 만들어진 것인데 어느 순간 토익 공부는 점수만 잘 맞기 위한 공부가 되어버렸다.

하지만 그런데도 나를 포함한 대한민국의 모든 대학생은 토익 공부를 한다. 토익 공부가 영어 실력을 보장하지도 않고, 영어실력을 키워주지도 않는다는 것은 너도 알고 나도 알고 모두가 알고 있지만, 여전히 토익 공부를 계속해야 한다. 단지 높은 토익점수가 필요하기 때문이다. 그러다 보니 토익 공부를 하고 있는 자기 자신을 발견할 때면 누구든지 이런 질문을 자신에게 던지게 된다. '내가 지금 무엇을 하는 걸까?' 자주 나오는 문제 패턴을 외우고, 문제 푸는 스킬을 공부하고 있는 나 자신을 자각할 때면 자신조차도 왜 하고 있는지 의구심이 든다. 마치 길을 가다가 길게 늘어선 줄을 보고 일단 그 줄의 맨 끝에 서고 보는 행인의 마음이랄까. 안 서면 뭔가 손해를 볼 것 같으니까 일단 줄을 서고 보는 심리다.

» 토익이 사라질 수 없는 2가지 이유

그렇다면 모든 대학생이 꺼리는 토익. 이 토익시험은 왜 이렇게 지속하고 있는 것일까? 여러 가지 이유가 있을 것이다. 관습적인 차원에서 유지되는 것도 있고, 토익을 대체할만한 다른 시험이 없기 때문일 수도 있다. 나는 크게 2가지 요인이 토익이라는 시스템을 유지하게 만든다고 생각한다.

먼저, 사실 토익은 단순한 영어시험이 아니다. 하나의 산업이다. 토익을 접수 대행하는 YBM이라는 회사는 상장이 되어있고, 토익학원들은 어마어마한 매출을 올리고 있다. 또한 토익을 가르쳐서 억대 연봉을 버는 사람이 속속 등장하는가 하면, 빨갱이나 파랭이로 불리는 토익 기본서는 이미 다른 모든 책을 압도하는 베스트셀러이자 스테디셀러로 꾸준한 판매량를 올리고 있다. 소설책이나 시집은 읽지 않아도 토익책은 사서 보는 게 오늘날의 모습이다.

이렇게 산업화한 토익 시장은 이제는 그 누구도 함부로 할 수 없게 되어버렸다. 너무나 많은 사람이 이 산업에 종사하고 있을 뿐만 아니라 세력화되어 마음대로 제도를 바꾸기도 쉽지 않다. 이해관계자가 늘어나고 경제적으로 얽혀있다 보니 제도에 대해 손쓰기가 쉽지 않은 상황이 되어버린 것이다.

두 번째 이유는 이런 토익시스템을 기업이 원한다는 것이다. 기업에서 가장 중요한 업무 중 하나는 신입사원들을 선발하는 것이다. 글로벌 시대에 발맞춰 영어 능력이 중요한 능력이 되었는데 영어가 뛰어난 학생을 뽑기가 생각보다 쉽지 않다. 이럴 때 가장 좋은 방법은 외국인 면접관을 고용해서 영어면접을 하는 것이다. 그런데 이 방법은 기업 입장에서 너무 많은 시간과 비용을 써야 한다는 문제와 부딪힌다.

삼성그룹 같은 경우 상반기 또는 하반기에 신입사원 채용공고를 띄우면 10만 명 이상의 학생들이 입사지원서를 낸다. 10만 명을 상대로 일일이 영어면접을 본다고 하면, 1인당 10분씩만 영어면접을 본다고 하더라도 100만 분이 필요하다. 시간으로 치면 1,666시간이다. 10분 동안 영어 실력을 얼마나 측정할 수 있을지도 의문이지만 1,666시간이라는 엄청난 시간과 거기에 투입되는 비용을 고려하면 사실상 불가능한 방법이다. 그러니 선별해서 영어면접을 할 필요가 생긴다. 그것이 바로 토익이다. 토익으로 일정 점수 이상자만 선발하여 영어면접을 보는 것이다. 그러면 면접대상자를 줄일 수 있으므로 신입사원을 선발하는데 시간과 비용을 줄일 수 있다.

또한 토익은 모든 학생이 똑같이 보는 시험이다. 학교나 학과, 학점에 상관없이 모두 같이 치른다. 그러다 보니 영어 실력을 평가하는 기능은 상실했을지라도 기업 입장에서 토익은 '성실성'을 엿볼 수 있는 평가 자료로 이용할 수 있다. 토익이 영어와 큰 상관관계가 없더라도, 이런 이상한 공부를 참고 견뎌내며 토익에서 고득점을 받았다는 사실이 기업은 인내심도 있고 새로운 것을 습득하는 능력도 뛰어나다는 신호로 해석한다.

이처럼 이미 토익은 우리 사회 속에 깊이 뿌리내렸다. 단순히 영어 실력을 평가하는 시험이 아니라 이해관계, 채용 시스템, 사회적인 명분이 얽히고 얽혀 우리 사회 시스템의 한 부분으로 굳건하게 존재한다.

» 눈에 보이는 토익 공부
눈에 안 보이는 돈 공부

시험을 치면 성적표가 발급되는 토익 공부와 달리, 돈 공부는 아무리 해도 내가 얼마만큼 했는지가 보이지 않는다. 돈 공부를 많이 한다고 해서 은행 잔액이 늘어나는 것도 아니고, 내 이름으로 된 건물의 숫자가 늘어나는 것도 아니다. 아무리 열심히 공부해도 돈 공부를 하지 않은 친구보다 더 나아지는 뭔가가 보이지 않는다.

하지만 토익은 다르다. 오늘 내가 옆의 친구보다 1시간 더 공부하면 토익점수가 5점 더 높아질 수 있다. 이처럼 명확한 피드백은 토익 공부를 하는 이들에게 목표 의식을 심어주고 여기에 집중할 수 있도록 도와준다. 더 높은 점수를 얻기 위해서, 내가 원하는 점수를 얻을 때까지 계속 열심히 노력하게끔 동기를 유발하는 것이다.

거기다 이런 결과물(토익점수)을 다양하게 활용할 수 있으니 하지 않을 이유가 없다. 아무리 해도 티 나지 않고, 아무도 알아주지 않는 돈 공부를 하는 것보다는 토익 공부를 하는 게 더 낫다는 판단을 내리는 것도 절대로 이상하지 않다.

결국 이런 사회 분위기 속에서 우리는 돈 공부보다는 토익 공부를 할 수밖에 없다. 이러한 시스템을 거부하면 기다리는 것은 낙오일 뿐이다. 그러니 우리는 더 이상 토익 공부를 왜 해야 하는지 묻지 않는다. 아니 물을 필요가 없게 되었다.

낙오를 선택한다는 것은 초등학교 때부터 시작된 레이스를 포기한다는 것과 같다. 좋은 대학교에 들어가서 좋은 회사에 입사하는 대한민국의 교과서와 같은 인생행로에서 중간에 내리는 것이다. 초등학교 때부터 해온 모든 노력이 사라지는 것이다. 그래서 토익 공부를 하지 않기를 선택하는 것은 굉장히 어려운 선택이다.

이런 상황 때문에 지금도 수십만 명의 학생들이 종로와 강남의 어학원에서 토익 공부를 하고 있다. 대학원을 가려는 사람도, 기업에 취업하려는 사람도, 공무원이 되고자 하는 사람도 모두 토익을 공부한다. 토익은 더 이상 영어시험이 아니다. 토익은 대한민국에서 통과의례다. 이러니 아무도 알아주지 않는 돈 공부를 하는 것보다 그 시간에 토익 공부를 열심히 해서 인정받는 게 낫지 않은가. 그래서 우리는 오늘도 토익을 공부한다. 이 땅에서 토익이 사라질 수 없는 이유다.

02.

학교에서는
왜 돈에 대해 모른 체할까

우리는 잘살고 행복하게 살기를 원한다. 그래서 우리는 좋은 직장에 들어가려고 노력하고, 좋은 직장에 들어가고자 명문 대학교에 입학하려 애쓴다. 명문 대학교에 입학하기 위해서는 고등학교 성적이 좋아야 한다. 고등학교 때 좋은 성적을 받기 위해서는 중학교 때부터 미리 공부해야 한다. 물론 중학교 때 미리 공부하기 위해서는 초등학교 때 중학교 교육과정을 미리 숙지해야 한다. 이렇게 조금이라도 남들보다 빨리 시작해서 한 번이라도 더 공부하는 것이 유리하기 때문에 대한민국의 수많은 초등학생은 밤늦게까지 학원에 붙어있다.

우리는 이 모습을 보고 "대한민국의 교육열이 매우 뜨겁다"라고 좋게 표현하고 있지만, 사실은 내 자녀가 조금이라도 더 돈을 많이 벌고, 조금이라도 더 편하게 살았으면 하는 마음에서 그렇게 한다.

자녀를 키우는 부모님의 머릿속에는 좋은 직장을 가야만, 좋은 직업을 가져야만 우리 아이가 높은 소득을 벌어서 행복한 삶을 살아간다고 생각하기 때문이다.

» 근대 교육의 탄생으로 보는 성적과 소득의 상관관계

그렇다면 우리가 이토록 열심히 공부하는 것에는 대체 어떤 과목들이 있을까? 우리가 좋은 직장을 얻는 것과 공부하는 과목 간에 어떤 관련이 있어서 공부를 잘하면 높은 소득을 벌 수 있다는 믿음이 생긴 것일까?

우리가 초등학교, 중학교, 고등학교에 다니면서 공부하는 것은 국어, 영어, 수학, 사회, 과학, 도덕, 미술, 체육 등과 같은 과목이다. 우리는 이 중에서 국어, 수학, 영어, 사회, 과학을 주요과목이라고 하며 실제로 수능에서도 이 과목을 시험을 본다. 우리는 여기서 이런 생각을 한번 해볼 수 있다. "학교에서 이런 과목을 배워야 한다고 정한 것은 누구일까?"

이 답에 대한 실마리를 찾기 위해선 근대 교육제도의 탄생을 살펴봐야 한다. 오늘날 학교의 모습은 18세기 산업혁명 무렵 탄생하였다. 그 이전 중세시대에는 성직자를 위한 학교만이 존재했고, 대부분은 가정이나 길드를 통해서 도제식 교육을 받았다.

하지만 산업혁명이 일어나고 이로 인해 인류의 삶은 크게 바뀌기 시작한다. 공장이 세워지고 대량생산 시스템이 구축되면서 공장에서 일할 노동자가 많이 필요했고, 노동자들은 일자리를 구하고자 도시로 몰려들었다. 하지만 읽고 쓸 줄 아는 기초적인 능력조차 부족한 노동자들이 많아 자본가들은 공장에서 일을 시키기가 어려웠고 교육의 필요성을 느끼기 시작했다. 바로 이러한 배경 속에서 탄생한 것이 바로 근대 학교 제도이다. 즉, 산업 현장에서 필요한 최소한의 교육을 가르치기 위해 학교가 설립되었다.

실제로 학교는 회사와 닮은 점이 많다. 우리가 학교에서 선생님에게 들었던 이야기를 한번 떠올려보자.

1. 아침 9시까지 등교해라
2. 다음 시간까지 숙제를 해와라
3. 조용히 해라
4. 튀지 마라
5. 공부 시간과 쉬는 시간을 구분하라
6. 선생님 말씀을 잘 들어라
7. 규칙을 잘 지켜라

등등

이번에는 회사 생활을 떠올려보자.

1. 아침 9시까지 출근하라

2. 내일 9시까지 회의 자료를 준비해라

3. 조용히 해라

4. 튀지 마라

5. 업무 시간과 쉬는 시간을 구분하라

6. 대표님, 상사 말씀을 잘 들어라

7. 규칙을 잘 지켜라

등등

학교의 규칙과 회사의 규칙을 비교해보자. 어떤 생각이 드는가? 놀랍도록 비슷하지 않은가? 산업화 시대에 필요한 인재는 표준화된 인재다. 뭐하나 특출나기보다는 골고루 무엇이든 잘할 수 있는 인재 말이다. 이러한 인재를 키우기 위해서 사회는 학교라는 기관을 통해 교육을 한다. 짧은 시간 안에 사회에서 필요한 능력을 습득시키는 것에는 학교만큼 효율적인 곳이 없다.

한 공간에 많은 학생을 몰아넣고 같은 것을 가르친다. 여기에는 학생들의 개성은 반영되지 않는다. 철저히 가르치는 사람의 입장에서 가르치고자 하는 것들을 집어넣는다. 그리고 다양한 상벌제도를 통해 어떤 질서나 규칙을 정해놓고 그것을 지키도록 한다.

이러한 교육은 결국 '근면', '성실'이라는 덕목을 가르치고 윗사람의 지시를 잘 알아듣고 수행할 수 있는 덕목을 배우게 한다. 사회에 나가서 우리는 출근 시간에 맞춰서 일해야 하고, 업무시간에는 업무만을 해야 하고, 정해진 날짜까지 각종 서류를 준비해 결재를 받아야 한다. 이러한 것들이 낯설지 않은 이유는 우리가 학교에서부터 그렇게 교육받았기 때문이다.

» 학교의 1등 학생이 회사의 1등 노동자가 된다

바로 여기서부터 공부를 잘하면 높은 소득을 벌 수 있다는 믿음이 탄생하기 시작한다. 대량생산을 통한 대량소비로 경제성장을 이끌던 산업사회에서는 표준화를 통한 작업의 효율을 높이는 것이 매우 중요했다. 테일러의 과학적 관리법은 이러한 표준화의 절정을 잘 보여주는데 시간 단위로 작업공정을 세분화하여 표준화된 매뉴얼을 작성해 작업의 효율성을 극대화했다.

이런 상황 속에서 윗사람의 생각에 이의를 제기한다든지 지시를 잘 수행하지 않는 인재, 자기의 개성이 너무 뚜렷한 인재는 환영받을 수가 없었다. 조직 분위기에 해를 가져오고 공동의 목표를 이뤄내는 데 방해가 되었기 때문이다. 그래서 학벌이 좋으면 쉽게 취업을 할 수 있었다. 학벌이 좋다는 것은 좋은 대학교, 명문 대학교에 진학했음을 의미하는데 이는 곧 초, 중, 고등학교 때의 성적이 우수했음을 입증한다. 성적이 좋다는 것은 결국 눈이 오나 비가 오나, 결석 한 번 하지 않고 선생님이 하시는 말씀을 모조리 받아 적고, 숙제 역시 빠뜨리지 않고 성실하게 했다는 것을 의미한다.

이러한 사실을 알고 있는 기업 입장에서는 학교에서 무엇을 공부했는가와 상관없이 명문 대학교를 나왔다는 사실 자체를 학습능력이 뛰어나고 성실하다는 신호로 받아들였고, 당연히 인재를 채용하는데 있어, 명문 대학교 졸업생들을 우대했다. 그래서 우수한 성적으로 학교를 마치면 그렇지 않은 사람보다 높은 연봉과 큰 기업에 들어가 성공한 인생을 살아갈 수 있었다.

사회적으로는 이 시스템이 순기능을 하고 있을지 모르겠으나 개인에게는 참 비극적인 교육인 것이 분명하다. 개인이 가지고 있는 재능을 극대화하는 교육이 아닌 양질의 노동력을 양성하기 위한 교육에 불과하기 때문이다. 대다수의 사람이 자신의 재능을 발견하지도 못한 채 평생을 노동자로서 살아가게끔 만들고 있다.

세계적인 미래학자 앨빈 토플러는 그의 저서 《부의 미래》에서 '속도'에 관한 이야기를 한다. 기업의 속도는 100마일로 가는데 비해 교육의 속도는 10마일에 불과하다는 것이다. 그만큼 시대는 빠르게 변화하는데 교육은 그 속도를 따라가지 못하고 있다는 의미다. 실제로 우리가 지금 학교에서 배우는 교육은 산업화 시대에 걸맞은 교육이다. 산업화 시대에 의무 교육제도가 시행되면서 그 내용이 크게 바뀌지 않았다. 즉 19세기에 하던 교육을 21세기인 지금까지 계속 이어서 하고 있다.

이런 과거의 교육을 우리는 계속 열심히 해야 하는 것일까? 이런 과거의 교육을 잘 받으면 우리는 잘살 수 있는 것일까? 아마 대부분은 이 질문에 대해 회의적인 대답을 할 것이다. 나 역시 그렇다. 차라리 많은 돈을 벌게 하려면 미분, 적분, 삼각함수를 가르치는 것보다 물건을 잘 파는 법, 장사를 잘하는 법, 목 좋은 가게를 고르는 법, 주식투자 잘하는 법, 부동산투자 잘하는 법 등을 가르치는 게 낫다. 그런데 이상하게도 학교에서는 이러한 '돈' 잘 버는 법에 대해서 가르치지 않는다. 오히려 이런 것을 멀리하고 애써 외면하는 것처럼 느껴진다. 대체 왜 그럴까?

여기에는 다양한 이유가 있다. 문화적인 영향도 있을 것이고, 관습적인 요인도 있을 것이다. 과거에 가르치지 않던 과목을 정규 교과목으로 편입시켜서 가르친다는 것은 생각보다 복잡하고 어려운 일이다. 그런데도 불구하고 이런 것을 가르치지 않는 이유는 국가는 전체적인 경제에만 관심이 있을 뿐 개인의 빈부에는 관심이 없기 때문이다.

» 수학과 영어는 되고 주식과 부동산은 되지 않는 이유

자, 이런 상상을 한번 해보자. 우리가 대학교를 입학하기 위해 수능을 칠 예정이다. 그런데 시험과목이 국어, 수학, 영어 이런 것이 아니라 주식, 부동산이다. 1교시 주식 시험에서는 '다음 중 수익이 가장 많이 기대되는 종목은?' 이런 문제가 나오고, 2교시 부동산 시험에서는 '다음 중 갭투자에 대한 설명으로 옳지 않은 것은?' 이런 문제가 출제된다. 온 국민이 이런 공부를 10년 넘게 학교에서 하고, 사교육도 받는다고 해보자. 수능을 마치고 대학교에 간 학생들이 취업해서 돈 벌 생각은 하지 않고 주식이든 부동산이든 투자해서 돈 벌 궁리만 할 것이다.

물론 자본주의 사회에서 이런 부분은 중요한 게 틀림없지만 모든 사람이 여기에만 매달린다면 얘기가 달라진다. "그럼 소는 누가 키우냐?"는 말처럼 아무도 일하지 않으려 할 것이다. 특히 수능에서 고득점을 받은 우수한 인재일수록 더더욱 일하지 않을 것이다. 이러한 현상이 사회발전에 도움이 될 리 없다.

하지만 그렇다고 해서 이러한 교육을 전혀 하지 않는 것도 문제다. 우리가 알고 있는 돈을 모으는 방법은 그저 아침 일찍 일어나서 저녁 늦게까지 성실히 일해서 그렇게 받은 월급을 은행에 맡기는 것이다. 어떻게 해야 돈을 벌 수 있는지에 대해서 '근로'와 '저축' 외에는 배우지 못했기 때문이다. 그래서 우리는 모두 가난하다. 저축만 해서는 돈을 모을 수 없기 때문이다. 예금 금리가 2%를 밑도는 현실에서 돈을 저축하여 2배로 불리기 위해서는 36년이 걸린다. 한평생을 다 바쳐야 가지고 있던 돈을 2배로 만들 수 있다.

물론 이는 물가상승률을 고려하지 않은 것이니 실질적인 물가상승률을 고려하면 사실상 제로 혹은 오히려 손해다. 그래도 우리는 돈을 벌면 은행에 맡길 수밖에 없다. 부동산은 투기고, 주식은 위험한 것이라고 배웠기 때문이다.

주변에서도 대부분 이렇게 생각하고 있는 것을 알 수 있다. 모 토크프로그램에서 연예인이 나와서 자신의 며느리에 대해 칭찬을 한다. 자신의 며느리가 예쁘다면서 그 이유가 "주식 같은 것을 하지 않아서"라고 자랑스럽게 말을 했다. 주식은 한순간에 말아먹는 것이니까 그런 나쁜 것을 안 하는 "우리 며느리는 참 착하다"라는 것이다. 우리 사회가 가진 주식에 대한 인식을 잘 알 수 있는 대목이다. 이러한 모든 것은 우리가 배우지 못해서다. 학교에서도 가르쳐주지 않았고, 개개인이 따로 배우기도 쉽지 않다. 매스컴에서는 주식에 투자해서 망한 사람 이야기들만 나오니, 주식은 쳐다보지도 말고 집안을 말아먹는 것이라는 생각이 머릿속에 박히게 된 것이다.

많은 사람들이 경제적인 어려움을 겪고 있다. 실제로 경제적 어려움 때문에 자살을 선택하는 사람도 많은 것을 생각해보면 돈을 번다는 것은 굉장히 중요한 행위다. 하지만 학교에서는 이것에 대해 가르치지 않는다. 학교의 시작이 읽고 쓰고 계산할 줄 아는 노동자의 필요성에서 비롯된 것이라는 역사를 고려해보면 노동자에게 생산성과 관련이 없는 것은 크게 가르칠 필요가 없다. 그저 적당한 업무수행을 할 수 있는 정도의 지식만 습득시키면 되기 때문이다. 그런 상황에서 주식, 부동산과 같은 금융 지식은 다른 것에 비해 필요성이 떨어졌을 것이다.

학교에서는 이러한 지식을 가르치지 않고, 우리는 모두 금융 문맹이 되어버렸다. 주식이라고 하면 손사래를 치고 부동산이라고 하면 투기로만 생각하는 우리의 모습이 그렇게 만들어졌다.

03.
문맹보다 무서운
금융 문맹

인생을 살다 보면 참 재밌는 현상이 일어난다. 한때 승자였던 자가 패자가 되고, 한때 패자였던 자가 승자가 된다. 대한민국에서는 고등학교를 졸업하면 인생의 승자와 패자가 한차례 가려진다. 좋은 대학교에 들어간 학생은 더욱 성공한 삶을 살아갈 것으로 기대하고, 그렇지 못한 학생은 더욱 어려운 삶을 살아갈 것으로 생각한다. 하지만 30대가 되고 40대가 되면, 삶이 결코 대학교 간판으로 결정되지 않는다는 것을 깨닫는다. 대입에서 승리한 자들이 승승장구해서 인생 전체에서 승자가 되는 것으로 알고 있었는데 세상이 그렇게 돌아가질 않는 것이다.

» **행복이 성적순이 아니듯, 인생도 꼭 성적순은 아니더라**

이를테면 자신보다 좋지 못한 대학교를 나온 친구가 시간이 지나고 보니 자신보다 더 좋은 차와 더 넓은 집에서 사는 것과 같은 일들 말이다. 분명 자신은 그 친구보다 더 열심히 공부해 더 좋은 대학교의 학위도 가졌는데 막상 시간이 지나고 보니 "잘 사는 사람은 자신이 아닌 그 친구더라"라는 것이다.

이런 사례는 심심치 않게 볼 수 있다. 나이가 들면 들수록 이런 사례는 점점 늘어나서 심지어는 학교공부와 사회에서의 성공은 상관이 없다는 결론이 나오기도 한다. 정말 학교공부와 사회에서의 성공은 상관관계가 없을지도 모르겠다. 하지만 나는 생각이 조금 다르다.

고등학교 때 공부를 잘해서 좋은 대학교에 갔다는 것은 사회에서 성공할 수 있는 자질을 갖추고 있다는 것을 의미한다고 생각한다. 물론 이 말이 공부를 못 한다고 해서 성공할 자질이 없다는 말은 아니다. 다만 공부라는 것이 대부분 사람에게 지루하고 재미없다는 점에 동의한다면 그 하기 싫은 것을 참고 해냈다는 것은 삶을 살아가는데 있어, 나름대로 의미가 있는 자질을 보여주었다는 말을 하고 싶다. 인내력, 끈기, 자기통제력, 집중력, 성공을 향한 집념, 욕망 등 이런 것들이 더 강했기에 공부를 더 잘했다고 생각한다. 이런 능력이 뛰어난 사람이 그렇지 않은 사람들보다 성공할 가능성이 더 높다. 즉 학업성적과 사회에서의 성공 간의 연관 관계가 전혀 없는 것은 아니라는 말이다.

» 좋은대학교=취업잘되는대학교
나쁜대학교=취업안되는대학교

그렇다면 좋은 대학교를 나오지 못한 사람이 좋은 대학교를 나온 사람보다 더 잘사는 것은 대체 어떻게 바라보아야 할까? 수많은 이유가 있겠지만 나는 그 이유 중 하나가 교육내용에 있다고 생각한다. 학교 교육은 노동자를 양성하는 교육을 시행하고 있다. 실제로 오늘날 대학교의 목표가 더 이상 진리탐구가 아니라는 것은 대한민국 사람이면 누구나 다 알고 있다. 매년 대학교에서는 자신들의 학교 졸업생이 얼마나 취업했는지를 공개하며 그 수치를 가지고 새로운 신입생들을 유혹한다. 우리 학교에 들어오면 너도 취업할 수 있다고 말이다. 좋은 대학교와 그렇지 않은 대학교를 나누는 기준은 더 이상 인류사회의 새로운 지평을 여느냐의 여부가 아니라 얼마나 더 좋은 기업에 더 많은 학생을 보내느냐로 바뀌었다.

현실이 이렇다 보니 대학교 교육도 그렇게 따라갔다. 대학교 졸업요건으로 논문이 아닌 자격증 취득과 토익점수를 요구하고, 인턴이라는 제도로 수업을 듣지 않아도 학점으로 인정해주기도 한다. 취업했다고 하면 수업을 안 들어도 들은 것으로 해주는 일은 이제 너무 당연한 이야기다.

대학교에 입학한 신입생들도 이러한 현실을 너무나 잘 알고 있어서 요즘은 1학년 때부터 취업 준비를 한다. 특히 좋은 대학교에 간 학생들일수록 이러한 분위기를 빨리 눈치채고 남들보다 빨리 취업 준비에 들어간다. 스펙을 쌓기 위해 1학년 때 토익점수를 올려놓고, 2학년 때 교환학생을 다녀오고, 3학년 때 자격증 취득이나 대외활동을 하고, 졸업하기 전에 취업하는 것을 목표로 삼는다. 그리고 그렇게 남들보다 빨리 좋은 기업에 입사하는 데 성공한다.

반면에 대학교라는 간판조차 제대로 갖추지 못한 학생은 본인의 능력이 아무리 뛰어나도 취업을 하기 쉽지 않다. 이미 좋지 않은 대학교 출신이라는 낙인이 찍힌 그들은 좋은 대학교를 다니는 학생들과 똑같은 스펙을 가지고 있어도 학교 간판 때문에 자신의 능력을 보여줄 기회조차 얻지 못한다. 그래서 다른 길을 찾게 된다.

자신이 직접 창업을 한다든지, 상대적으로 좋은 대학교를 나온 사람들이 덜 선호하는 일을 한다. 바로 여기서 인생의 반전이 시작된다. 학교공부에 충실하며 좋은 대학교를 졸업한 학생들은 이 사회가 원하는 1등 노동자가 되어 국가 경제 발전과 기업의 성장에 기여한다. 그런데 그런 자리에 끼지 못한 학생들은 자의든 타의든 다른 일을 하게 된다. 남들이 다 뜯어말리는 사업이나 장사 같은 것 말이다. 물론 사업을 하는 사람이 모두 성공하지는 못하지만, 반드시 성공하는 사람은 나오기 마련이다. 그리고 그렇게 성공한 사람은 자신보다 좋은 대학교를 나온 사람보다 더 풍요로운 삶을 누린다.

물론 직장을 다닌다고 모두가 경제적으로 어렵게 되는 것은 아니다. 단지 큰 부를 만들지 못한다는 것이다. 그저 주어진 일을 성실하게 해오는 것을 미덕으로 배운 좋은 대학교의 학생들은 학교를 졸업하고 돈을 모을 때도 꾸준히 일정 금액을 적금에 들어 부를 형성하고자 노력하기 때문이다. 학교에서 투자를 배워 본 적도 없을 뿐더러, 부모님께서 늘 위험보다는 안정을 강조하셨기 때문에 아끼고 아껴서 저축만 한다.

원금 손실의 위험이 거의 없는 저축은 반대로 수익 역시 많이 가져다주지 못한다. 연 2% 정도의 이자 수익 정도만 가져준다. 문제는 바로 여기에 있다. 열심히 일해도 구조적으로 부를 축적할 수 없는 덫에 걸린 것이다. 회사 일을 열심히 하면 할수록 회사의 오너를 포함한 주주만 돈을 벌고 자신은 자신의 성과만큼 보상받지 못하는 것이다.

토마 피케티의 결론, r ﹥ g

《21세기 자본》을 쓴 토마 피케티는 ' r ﹥ g '라는 공식을 가지고 부의 양극화를 이야기했다. 여기서 r은 자본수익률을 의미하고, 'g'는 경제성장률을 의미하는데 자본이 증가하는 속도가 경제성장률보다 더 빠르다는 것이다. 즉, 돈이 많은 사람이 더 많은 돈을 벌 수밖에 없다는 말이다.

하지만 토마 피케티가 제시한 공식을 이렇게만 말하고 지나치면 저 공식은 우리 삶에 어떠한 변화도 가져다주지 못한다. 토마 피케티는 자본수익률이 경제성장률보다 높다는 사실을 입증하여 사회 구조를 변화시켜야 한다고 주장했다. 하지만 《21세기 자본》이 출간된 지 5년이 지난 지금까지도 사회는 변하지 않았고 토마 피케티의 연구 결과는 오히려 자본이 없는 사람에게 다시 한번 절망적인 상황을 확인시켜준 셈이 되었다.

하지만 나는 토마 피케티의 연구 결과가 사회를 변화시킬 수는 없을지라도 개인에게는 변화를 가져올 수 있다고 생각한다. 토마 피케티가 제시한 공식을 다시 한번 보자. 'r 〉g'라는 공식. 토마 피케티는 이 공식을 가지고 자본이 증가하는 속도가 경제성장보다 빠르기 때문에 돈이 많은 사람이 더 부자가 될 수밖에 없다고 이야기하였다. 토마 피케티의 주장대로 'r 〉g'이기 때문에 법과 제도를 바꾸는 것이 최고의 방법이지만 사회는 우리 뜻대로 쉽게 바뀌지 않고, 우리에게는 바꿀 힘도 없다. 선거를 통해 우리들의 대변인을 뽑긴 하지만 그들은 우리 생각대로 움직이지 않는다.

그래서 토마 피케티의 메시지를 나는 조금 다르게 바라보기로 했다. "부자가 되기 위해서는 g보다는 r을 주목해야 한다"고 말이다. 그렇다. 자본수익률이 경제성장률보다 빠르다는 말은 돈으로 돈을 벌어야 부자가 될 수 있지, 노동을 통해서는 부자가 되기 힘들다는 것을 말하고 있었다.

"부자가 되자", "돈을 모으자"라는 말이 물질만능주의를 부추긴다고 말할지도 모르겠다. 일정 부분은 동의한다. 돈은 우리 삶의 전

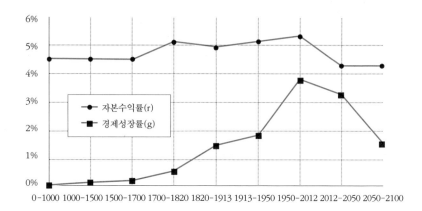

자본수익률(r)과 경제성장률(g) 그래프(출처:piketty.pse.ens.fr/capital21c)

부가 될 수 없으며, 수단이지 목적이 될 수 없다. 하지만 자본주의사회를 살아가는 우리에게 돈은 너무나도 중요하다. 어찌 됐든 돈을 벌고 모아 먹고 살아야 한다.

» **문맹보다 무서운 금융 문맹**

1987년 이래 4회에 걸쳐 미국 연방준비제도 이사회 의장을 역임했던 앨런 그린스펀은 "문맹은 생활을 불편하게 하지만 금융 문맹은 생존을 불가능하게 만들기 때문에 문맹보다 더 무섭다."란 말을 했다.

우리는 글자를 모르는 사람을 안타깝게 여긴다. 문명사회에서 글자를 모르고 살아간다는 것은 상당히 많은 삶의 불편을 가져오기 때문이다. 그래서 우리는 야학을 만들어서 글을 모르는 사람들에게 교육하기도 하고, 다양한 문맹 퇴치 운동을 전개해왔다.

그런데 금융을 모르는 건 어떤가? 우리는 금융을 모르는 것에 대해서는 아무런 문제의식을 느끼고 있지 않다. 돈이라는 것은 그저 열심히 일하면 많이 벌 수 있는 것으로 생각하고, 돈이 없는 사람들을 게으른 사람으로 치부해버렸다. 하지만 자본주의 사회에서 돈이 없다는 사실은 단순히 게으르다는 것을 의미하지 않는다. 돈이 없으면 당장 오늘 먹을 물과 식사조차 구할 수 없다는 것을 생각해보면, 돈이 없는 것은 삶의 존립 기반을 흔드는 커다란 문제다. 금융 문맹이 생존을 불가능하게 만든다는 앨런 그린스펀의 말은 결코 과장된 것이 아니다.

그래서 나는 경제와 금융을 공부해야 한다고 생각한다. 우리가 많은 돈을 벌어서 부자가 되기 위해서가 아니라 인간답게 살기 위해서 말이다. 지금의 대한민국에서 살아가고 있는 우리에게, 금융에 대한 공부는 더 이상 선택이 아니다. 금융에 대한 공부는 인간다운 삶을 누리기 위해 꼭 필요하다.

"

문맹은
생활을 불편하게 하지만
금융 문맹은
생존을 불가능하게
만들기 때문에
문맹보다 더 무섭다.

"

04.
인생은
미리 판단할 수 없다

대한민국의 모든 고등학생이 대학교 진학을 하는 현실 속에서 대한민국 청소년은 '수능'이라는 관문을 하나 넘게 된다. 사실 대학교를 진학하지 않으면 볼 필요가 없는 시험인데 대부분의 청소년이 수능이라는 시험을 준비하고 치른다. 마치 성인식처럼 고등학교를 졸업할 때 치러야 하는 의식이 되어버렸다. 이러한 수능의 목적은 대학교 진학이다. 하지만 대학교가 우후죽순 생기면서 입학정원을 다 채우지 못하는 대학교가 생기기 시작했다. 즉 공부를 못해서 대학교를 가지 못하는 경우는 없다.

따라서 수능에서 몇 점을 맞든 본인이 희망하면 대학교에 진학할 수 있는 세상이 되었다. 그렇다 보니 이제는 대학교에 진학하는 것은 목표가 되지 못한다. 어느 대학교에 들어가느냐가 중요하게 되었다. 물론 대학교들도 점수에 맞춰 서열화가 되어있다.

서연고 서성한 중경외시 …

교수가 꿈인 아이도, 변호사가 꿈인 아이도, 가수가 꿈인 아이도, 연기자가 꿈인 아이도, 공무원이 꿈인 아이도 모두 일단 수능을 봐서 좋은 대학교를 가고자 노력을 하므로 수능이라는 시험은 대한민국 청소년이 맞이하는 사회의 첫 번째 벽이 된다. 그동안은 부모님의 울타리 안에서 자신이 하고 싶은 것을 마음대로 하면서 살아왔다면 수능을 통해 생전 처음으로 거절이라는 것을 당한다. "너는 이 대학교에 올 수 없어"라고. 그러다 보니 사회에서도 좋은 대학교를 나오면 인정을 해준다.

허술해 보여도 '서울대학교'를 다닌다고 하면 고등학생 자녀를 둔 부모님은 그 서울대학교생에게 이것저것 질문을 하면서 자녀 교육에 대해서 상담을 요청한다. 아무리 허우대가 멀쩡해도 지방의 이름도 들어보지 못한 대학교를 나오면 그 사람이 가진 능력이나 노력 등이 깎인다.

이렇게 어느 대학교를 나왔느냐에 따라 피해를 보기도 하고 이득을 보기도 하니 대학교 간판의 중요성에 대해서는 부모와 자녀 모두 알고 있다. 그래서 부모는 자녀를 좋은 대학교에 보내기 위해 수단과 방법을 가리지 않는다. 그런 부모님의 말씀을 듣고 자란 아이는 인생 목표가 좋은 대학교에 들어가는 것이 된다. 당연히 그 아이는 자신이 가진 모든 것을 걸고 공부를 한다. 좋은 대학교에 가면

뭐든지 해결될 것이라는 믿음으로 말이다.

» 어느 대학교를 다니느냐로 나누어진 승자와 패자

그렇게 모든 것을 걸고 수능이라는 제도로 승부를 본 아이들은 다시 대학교의 서열로 자신의 계급을 만든다. 자신보다 낮은 대학교에 다니는 아이들을 대할 때는 자신보다 못한 존재로 생각한다든가, 자신보다 더 좋은 대학교에 다니는 아이들을 대할 때는 자기 스스로 움츠러들기도 한다. 승자와 패자가 만났을 때 느끼는 그 감정과 비슷하다. 모든 것을 걸고 승부를 겨룬 만큼 '내가 너보다 낫다', '너는 나보다 못하다'라는 인식이 은연중에 형성되어 있다.

이러한 마음가짐은 대학교의 '과잠'이나 '인터넷 훌리건' 등으로 사회에 표출된다. 대학교의 과잠은 자신이 다니는 대학교와 학과명이 적힌 야구점퍼를 말하는데, 학과활동을 하면서 단체로 점퍼를 맞춰 입고 다닌다. 소속감과 정체성을 점퍼를 통해 드러내는 것이다. 훌리건은 인터넷상에서 자신이 다니는 대학교를 치켜세우고 다른 대학교를 비하하는 인터넷 유저를 말한다. 댓글이나 게시글로 다른 학교를 비방하거나 자신의 학교를 내세운다는 측면에서 키보드 워리어라고 부르기도 한다. 결국 과잠이든 훌리건이든 패거리 문화인데, "우리는 너희와는 다르다"는 의식에서 나타나는 행위다. 수능점수라는 잣대로 그어진 승자와 패자의식이 이러한 문화를 만

드는 것이다.

» 수능에서 승자가 된 사람은 인생의 승자가 될 수 있을까

수능에서의 승자가 인생에서도 승자가 될 것이라는 생각은 좋은 대학교를 가서 좋은 직업을 얻는다는 전제에서 비롯된다. 이를테면 의대에 가서 의사가 되면, 다른 사람보다 더 높은 소득을 올리며 성공한 삶을 살아갈 수 있다고 생각하는 것이다. 그래서 다들 자기 자녀를 의대에 보내려고 한다. 그런데 정말 의사가 되면 다른 직업을 가진 사람들보다 높은 소득을 올리면서 성공한 삶을 살아갈 수 있는 것일까? 분명 우리 사회에서 의사가 고소득을 올리는 직업은 맞다. 같은 월급쟁이 생활을 하더라도 월급쟁이 의사는 월 1,000만 원씩 급여를 받는 게 가능하다. 일반적인 회사원이 이런 월급을 받는다는 건 거의 불가능하다.

그렇다고 해서 '의사의 소득 〉 다른 직업의 소득'이라는 공식이 성립하는 것이 아니다. 일률적이고 획일화된 우리 사회가 다원화되어 다양한 가치를 서서히 존중하기 시작했기 때문이다. 게임을 예로 들어보자. 과거에 게임을 하던 사람들은 모두 폐인 취급을 받았다. 게임을 하는 사람이 의사보다 더 높은 소득을 올린다는 것은 말도 안 되는 때가 있었다. 요즘도 게임은 마약, 술, 도박과 함께 사회악으로 분류될 정도로 여전히 인식이 좋지 않다.

하지만 '페이커'라는 닉네임을 쓰는 프로게이머의 연봉이 30억 원이라는 사실을 알고 있는가. 웬만한 의사보다도 훨씬 더 높은 소득을 올리고 있다. 이뿐만이 아니다. 2018 자카르타 팔렘방 아시안게임에서 e스포츠는 시범종목으로 선정되었고, 2022 광저우 아시안게임에서는 e스포츠가 정식종목으로 선정될 예정이다. 이제는 쇼트트랙, 수영, 태권도, 유도에서 선수들이 금메달을 따듯이, 게임으로도 금메달을 따는 시대가 온 것이다. 시대가 이렇게 바뀐 것이다.

더 이상 수능에서의 승자가 인생에서의 승자로 머무를 수 없다. 사회는 변했고 더 이상 공부를 잘하는 걸 최고의 미덕으로 쳐주지 않는다. 공부가 아니어도 다른 것을 잘하면 그것을 인정하고 가치를 부여해주는 시대가 왔다. 그런데도 여전히 우리 주위에서는 출신 대학교를 가지고 사람을 판단한다. 명문 대학교를 나왔다고 하면 그 사람을 다시 보고, 자녀들에게 무조건 좋은 대학교에 갈 것을 강요한다. 전 인류를 통틀어 천재로 손꼽히는 아인슈타인은 "모든 사람의 능력을 나무를 오르는 것을 기준으로 삼아선 안 된다"라는 요지의 말을 했다.

인생의 승자가 되는 사람은 수능을 잘 봐서 명문대학교에 간 사람이 아니다. 자신이 천재가 될 수 있는 분야를 찾은 사람이 인생의 승자가 되는 것이다. 그 분야가 어떤 사람에게는 공부가 될 수도 있고, 어떤 사람에게는 게임이 될 수도 있는 것이다. 그런데도 우리는 물고기에게 나무를 잘 타도록 강요하고 있는 것은 아닌지 생각해보

"

모든 사람은 천재다.
하지만 물고기가 나무를
얼마나 잘 타고 오르는지로
물고기의 능력을
판단한다면,
그 물고기는
평생 자기가 쓸모없다고
생각하며 살 것이다.

"

아야 한다. 물고기에게 아무리 나무를 타는 법을 가르친다고 해도
결코 원숭이보다 잘 탈 수는 없을 테니까 말이다.

제3부

부의 크기는 생각의 크기에 달려 있다

01.
부의 출발선은
종잣돈의 크기가 정한다

돈을 모으기로 하고 나서 가장 먼저 해야 할 일은 무엇일까? 가장 먼저 해야 할 일은 종잣돈을 모으는 일이다. 흔히들 종잣돈이라고 하면 그 중요성을 간과하기 쉽다. "그냥 저축하라는 이야기 아니냐"면서 하나 마나 한 이야기를 하고 있다고 여기는 것이다. 하지만 종잣돈은 단순히 저축의 의미가 아니다. 그 이상의 의미가 있다. 이 종잣돈이 얼마냐에 따라 우리가 목표로 하는 부를 일구는 속도가 달라지기 때문이다. 종잣돈을 모으는데 걸리는 시간에 따라, 종잣돈의 크기에 따라 우리의 10년 뒤, 20년 뒤의 모습은 완전히 달라질 것이다.

» **100개의 콩 안에는 수많은 콩이 들어있다**
우리가 농사를 짓기로 했다고 가정해보자. 일단 농사를 지을 땅이 필요할 것이고, 농기구와 비료, 농작물의 씨앗이 필요하다. 땅과 농기구, 비료는 한번 갖춰놓으면 상당 기간을 계속해서 쓸 수 있다. 하지만 늘어나진 않는다. 농사에 있어서 가장 중요한 것은 씨앗이다.

콩의 종자 씨앗을 100개를 가지고 농사를 지었다고 가정해보자. 잘 키운다면 100개의 씨앗이 모두 뿌리내려 100개의 콩 나무가 성장해나갈 것이다. 여기서 무서운 것은 다음부터다. 100개의 콩 나무가 맺는 콩은 과연 몇 개가 될까? 하나의 콩 나무에서 50개의 콩이 열린다고 가정해보자. 그러면 5,000개의 콩을 수확하게 된다. 이렇게 수확한 5,000개의 콩을 일부는 팔고 일부는 먹고 그 나머지를 내년에 다시 심는다고 해보자. 그 콩의 개수를 1,000개라고 가정해보면 그다음 해에는 5만 개의 콩을 수확할 수 있다. 콩이 기하급수적으로 늘어나는 것이다.

여기에 바로 종잣돈의 중요성이 있다. 종잣돈을 모은다는 것은 단순하게 저축을 하겠다는 의미가 아니다. 종잣돈은 투자를 하기 위한 밑천이다. 즉 농사지을 콩인 것이다. 콩을 땅에 잘 심어서 농사를 잘 지으면 더 많은 콩을 수확할 수 있듯이 종잣돈도 잘 가꾸면 더 많은 돈을 열매 맺게 할 수 있다. 그래서 종잣돈이 중요하다.

A라는 사람과 B라는 사람이 있다고 가정해보자. A는 종잣돈으로 100만 원을, B는 1,000만 원을 가지고 돈을 불려 나가기로 하였다. A와 B는 지금 단지 900만 원의 차이밖에 보이지 않고 있지만, 이 간격은 시간이 지날수록 점점 커진다. 뒤에 자세하게 이야기할

복리 효과로 인해 똑같은 정기예금을 들어도 차이가 나게 되지만, 100만 원을 가지고 할 수 있는 투자와 1,000만 원을 가지고 할 수 있는 투자 규모 자체가 다른 것도 A와 B의 차이를 더욱 크게 벌리는 요인이다.

예를 들어 정기예금이야 100만 원을 가진 사람도, 1,000만 원을 가진 사람도 모두 들 수 있지만, 주식투자만 보더라도 100만 원밖에 가지지 못한 A는 100만 원 이상 하는 종목에는 투자할 수 없다. 투자할 수 있는 선택지에서부터 더 큰 종잣돈을 가진 B가 유리한 것이다. 투자의 출발선 자체가 금액에 따라 달라지는 것이다. 그래서 종잣돈이 중요하다. 처음의 작은 차이가 시작부터 다른 선택지를 만들어내고, 여기에 시간이라는 요소까지 첨가되어 버무려지면 복리효과로 어마어마한 차이가 난다.

» 종잣돈을 모으는 과정에서 길러지는 부자 되는 습관

그렇다면 첫 종잣돈을 얼마나 모아야 할까? 수중에 돈이 한 푼도 없는 사람이라면 일단 1,000만 원을 모으라고 이야기하고 싶다. 학생이든 회사에 다니는 초년생이든 1,000만 원을 모으기란 생각보다 어렵다. 한 달에 100만 원씩 저축해도 10개월이 걸린다. 현실은 100만 원 저축도 쉽지 않으니 아마 1년 이상의 시간이 걸릴 것이다. 학생은 당장 매달 들어오는 수입이 없으니 아마도 자신의 용돈을 아낀다든지 아르바이트를 해서 돈을 모아야 할 것이다. 그러면 대략 3년 정도는 모아야 1,000만 원을 마련할 수 있을 것이다.

그렇게 1,000만 원의 종잣돈을 모으기로 결심을 하면 일단 절약을 하게 된다. 먼저 종잣돈으로 쓸 돈을 은행 계좌에 따로 빼놓고 소비를 하게 된다. 무작정 돈을 쓰지 않고 계획적으로 소비를 하게 되니 합리적인 소비가 가능해진다. 그뿐만 아니라 절약해야겠다는 생각을 늘 가지고 살게 되므로 이래저래 나가는 비용을 조금이나마 줄일 수 있게 된다.

종잣돈 1,000만 원의 힘은 단순히 금액 1,000만 원에서 나오는 것이 아니다. 모으는 과정에서 나온다. 10만 원을 모으지 못하는 사람은 100만 원을 모을 수 없다. 100만 원을 모으지 못하는 사람은 1,000만 원을 모을 수 없다. 반대로 10만 원을 모을 수 있는 사람은 100만 원을 모을 수 있으며, 100만 원을 모은 사람은 1,000만 원 역시 모을 수 있다. 그리고 1,000만 원을 모으는 데 성공한다면 1억 원, 10억 원, 그 이상을 모을 수 있다는 자신감과 확신이 생긴다. 이 자신감과 확신이 생긴다면 이제 부자가 되는 것은 시간문제다. 내가 죽기 전까지 목표로 하는 부를 축적하느냐 못하느냐의 문제이지 불가능하다는 생각은 들지 않게 된다.

» **종잣돈을 모아보지 않은 벼락부자는 결국 돈을 잃는다**

우리는 매주 복권에 당첨되어 돈벼락에 맞는 사람이 있다는 걸 안다. 그렇게 수십억 원의 돈을 가지면 이제 돈 걱정 없이 편안하고 행복하게 살 것 같지만 꼭 그렇지만도 않다. 미국의 켄터키 대학교와 피츠버그 대학교 등 경제학 연구진이 1993년부터 2003년까지 '판타지 5복권(미국의 대표적인 복권 중 하나)'에 당첨된 사람 3,500명을 추적해 연구 조사한 결과, 무려 당첨자의 절반이 5년 만에 빈털터리가 된 것으로 밝혀졌다.

이 연구를 한 연구진에 따르면 처음에는 당첨자가 자신의 빚을 줄이는 데 사용했지만, 그 이후에는 당첨금을 흥청망청 쓰면서 오히려 빚더미에 앉게 된다고 밝혔다. 하루아침에 큰돈을 벌었음에도 나중에는 빚더미에 오르는 이유로는 2가지 의견이 있었는데, 하나는 복권당첨자들의 경제 관념이 부족해서였다는 의견이었고 다른 하나는 하루아침에 들어온 돈에 대해서 덜 주의 깊게 쓰게 되면서 빚을 지게 되었다는 결론이었다.

이들은 결국 소비습관과 소비에 대한 생각 때문에 복권 당첨금이라는 어마어마한 돈을 지킬 수 없었다. 그렇게 평생 써도 다 쓰지 못할 것만 같던 돈은 깨진 독 안의 물처럼 소리 없이 빠져나갔을 것이다. 저축과 절약하는 습관, 소비에 대한 생각이 올바르게 형성되어야 돈을 모을 수 있고 지킬 수 있다.

주변에서 돈이 많은 사람의 생활을 지켜보면 생각보다 검소하다. 명품으로 몸을 치감지도 않고 룸살롱에서 비싼 양주를 먹지도 않는다. 수수한 옷차림에 마음이 잘 맞는 친구와 선술집에서 막걸리 한 잔을 나누는 게 전부다. 그들은 이미 충분한 돈을 모았지만,

그 돈을 모으면서 굳어진 습관과 소비에 대한 생각 때문에 함부로 돈을 쓰지 않는다. 돈의 액수로만 따져보면 평생 써도 돈이 남는다는 것을 알면서도 본인들의 마음이 불편해 소비하지 못하는 것이다. 물론 그들을 어리석다거나 안타깝게 생각할 수 있으나 그런 습관과 돈에 대한 생각이 있었기에 많은 돈을 모을 수 있었던 것은 분명하다.

그런 의미에서 종잣돈 1,000만 원은 의미가 있다. 액수도 액수지만, 1,000만 원이라는 종잣돈을 마련하기까지 걸리는 시간 동안 만들어지는 나의 습관과 생각들이 1억 원, 10억 원을 모을 힘을 길러준다. 그러니 경제적 자유를 꿈꾸는 당신이 가장 먼저 해야 할 일은 일단 1,000만 원을 모으는 일이다. 분명히 1,000만 원을 모으기 전과 모은 후 당신의 모습은 많은 것이 달라져 있을 것이다. 돈의 액수가 중요한 것이 아니라 당신의 생각과 습관이 변한다면 비로소 당신은 이제 경제적 자유를 꿈꿀 자격을 갖춘 것이다.

02.
부의 경기에는
신호탄이 없다

우리가 경기를 한다고 생각해보자. 1등, 2등, 3등을 가르는 경기라고 생각해도 좋다. 어떤 모습이 상상되는가? 경기 시작 전의 모습은 아마도 모두가 똑같은 출발선에서 공평하게 서 있는 장면일 것이다. 시작은 공평하고 공정해야 한다는 생각이 있기 때문이다. 실제로 우리는 이런 상황에 매우 익숙하다. 초등학교, 중학교, 고등학교를 거치면서 새로운 학교에서 새로운 교육을 시작할 때면, 늘 똑같은 출발선에 나란히 서서 경쟁을 하곤 했다. 초등학교를 1등으로 졸업한 학생도, 꼴등을 한 학생도 중학교에 입학하면 똑같이 함께 교육을 받는다.

이처럼 같은 출발선에서 시작하는 경기는 뒤처져있던 학생에게 역전의 기회를 준다. 과거 어떤 시기에 내가 조금 뒤처지더라도 시간을 조금 더 밀도 있게 쓰고 조금 더 노력하다 보면 그 차이를 좁히거나 뒤집는 것이 가능하기 때문이다. 초등학교 때 공부를 안 하던 학생이 고등학교 때 공부를 열심히 해서 서울대학교에 갈 수 있는 것이 가능한 이유가 바로 여기에 있다. 만약 우리의 교육제도가 초등학교, 중학교, 고등학교 구분 없이 12년을 하나의 과정으로 쭉 이어져 있다면, 초등학교 때 뒤처진 성적을 고등학교 때 만회하는 건 매우 어려울 것이다.

예를 들어, 초등학교 1학년 때 내신이 대입성적에 반영된다고 생각해보자. 아마 6년쯤 지나면 많은 학생이 자신의 가능성을 스스로 포기하고 말 것이다. 격차가 너무 벌어져 도저히 경쟁에서 이길 수 없다는 생각이 들 것이기 때문이다. 하지만 다행히도 우리의 교육제도는 그렇게 잔인하지 않다. 가급적 평등하게, 공정하게, 최대한 많은 기회를 주고자 노력하고 있다. 그래서 어렸을 때 조금 놀거나 공부를 열심히 하지 않아도 고등학교 때 열심히 하면 좋은 대학교에 입학하는 게 가능하다.

» 입시 경쟁은 같은 출발선
부의 경쟁은 다른 출발선

하지만 부의 경쟁은 조금 다르다. 부의 경쟁에는 출발선이 명확하게 그어져 있지 않다. 아니 출발선에 서기도 전에 경기가 이미 진행 중이다. 무슨 말인가 하면, 각자 서 있는 출발선이 모두 다르다는 이야기다. 1950년대 6·25전쟁 직후, 모두가 가난했던 이 시기에는 비교적 출발선이 비슷했다. 하지만 그 이후 경제가 급속도로 발전했고, 빈부격차가 벌어지기 시작하면서 부의 출발선은 제각각 달라졌다. '금수저', '흙수저'라는 단어가 요즘 유행하는 것도 이와 무관치 않다.

실제로 강남의 핫플레이스인 가로수길의 건물주 나이를 살펴보면 이 차이가 피부로 와 닿는다. 40대가 21명, 20~30대가 13명, 10대가 4명이다. 물론 모두 증여받은 사람이다. 누군가는 평생을 벌어도 소유할 수 없는 강남 건물을, 이들은 어린 나이에 이미 가지고 있다. 물론 이 같은 사례는 강남 가로수길에만 해당하는 특별한 이야기가 아니다.

국토교통부가 작성한 '임대사업자 주택등록 현황' 자료에 따르면 주택임대사업자로 등록한 사람 중 가장 나이가 어린 사람은 인천과 경기도에 사는 2세 영아로 주택을 각각 1채씩 보유하고 있다. 20대 임대사업자도 2018년 7월 현재 6,937명에 달한다. 물론 이마저도 최소 수치다. 아직도 임대사업자에 등록하지 않은 사람이 많다는 걸 고려해보면, 이보다 훨씬 많은 수의 나이 어린 건물주들이 있을 것으로 예상한다.

이들은 일반인과 부의 출발선 자체가 완전히 다르다. 아니 어쩌면 다른 사람들이 결승선이라고 생각한 그 지점을 출발선으로 생각하고 경기에 참여하는 것인지도 모른다. 과연 이처럼 출발선이 다른, 너무나도 차이가 나는 이 경기에서 이들과 경쟁하는 것이 가능한 것일까? 경쟁은커녕 경기 자체가 성립하지 않을 정도로 불공평한 상황이다.

» 토끼와 거북이의 경주, 거북이에게 배우는 자세

토끼와 거북이라는 동화를 모두 한 번쯤은 들어보았을 것이다.

토끼와 거북이가 달리기를 하는데 경주가 땅에서 벌어진다. 출발선은 같지만, 토끼에게 유리하고 거북이에게 너무나도 불리한 경쟁이다. 거북이가 착해서인지 경주는 그대로 시작이 되고 역시나 토끼가 한참을 앞서간다. 결승선을 코앞에 두고 갑자기 토끼는 낮잠을 자기 시작한다. 아마도 거북이를 약 올려주려는 심산이었을 것이다. 그렇게 토끼는 잠을 자고, 거북이는 엉금엉금 기어서 어느덧 결승선 앞에 다다른다. 그리고 낮잠을 자는 토끼를 조용히 앞질러 경주에서 이긴다.

이 이야기는 우리가 참여해야 하는 부의 경기와 비슷한 면이 많다. 불공평한 출발선, 불공정한 룰, 기울어진 운동장 등. 하지만 거북이는 토끼와의 경주에서 이겼다. 이 거북이의 이야기가 불공평한 부의 경기에 임하는 우리에게 의미하는 바가 무엇일까?

우리는 3가지 선택지를 가지고 있다. 첫 번째는 경주를 포기하는 것이다. 어차피 경쟁에서 질 것으로 생각해 경주에 참여하지 않는 것이다. 그런데 경주를 포기하면 결국 경주에서 낙오된다. 해보지도 않고 포기하는 것은 바람직하지 않다. 승률이 아무리 낮을지라도 포기하지 않으면 거북이처럼 기적 같은 승리가 나에게도 일어날 수 있기 때문이다.

두 번째는 경기의 규칙을 바꾸는 것이다. 이를테면 거북이가 경주를 시작하기 전에 토끼에게 "땅에서 경주하는 것은 나에게 불리하니 물에서 경주하자", "땅에서 경주하겠다면 나는 저 앞에서 시작하겠다"고 이야기하는 것이다. 경기의 규칙을 바꾸는 것은 우리 사회의 제도나 법을 바꾸는 것을 의미한다. 상속세, 증여세를 대폭 올려 출발선을 동등하게 만든다거나 재산세를 대폭 상승시켜 가진 자와 가지지 못한 자 사이의 형평성을 맞추는 것이다. 하지만 이런 사회변화가 얼마나 어려운지는 잘 알고 있으리라 생각한다. 혁명이 일어나지 않는 한 이런 일은 기대하기 어렵다.

마지막은 경기에 열심히 참여해서 이길 방법을 찾는 것이다. 매우 현실적인 방법이다. 우리 사회의 법과 제도 내에서 경주에서 이길 방법을 찾는 것이다. 가능성이 아주 높다고는 할 수 없지만, 꽤 현실적인 방법이다. 그리고 실제로 많은 사람이 이 방법으로 경쟁에서 승리한다.

» 아무리 기다려도 부의 신호탄은 울리지 않는다

사실 애초부터 우리에게는 마지막 선택지밖에 없을지도 모른다. 그런데 많은 사람이 마지막이 아닌 첫 번째 선택지를 택한다. 마치 경기를 포기한 것처럼 아무도 돈에 대해 관심을 두지 않고, 공부도 하지 않고 있기 때문이다. 돈이 없을수록 오히려 외면하는 것 같다.

부의 경기는 올림픽 경기와는 다르다. 부의 경기에는 신호탄이 없다. 대학교 졸업하고 취업을 하고 나서 다 같이 나란히 서서 신호탄이 울리길 기다려서는 안 된다. 그 이전부터 이미 경주는 시작되었다. 우리의 참여 의사와 상관없이 말이다. 그래서 내가 경기를 포기하든 말든 아무도 신경 쓰지 않는다. 눈치 빠른 사람은 이 사실을 알고 남들보다 한 발짝 먼저 뛰기 시작한다. 현재의 소비를 줄여서 종잣돈을 만들고 자산을 불려 나갈 준비를 차근차근히 하는 것이다.

남은 것은 우리의 선택이다. 이미 벌어진 격차를 가지고 논의하는 것은 아무런 도움이 되지 않는다. 지금 이 시각에도 그들은 부지런히 앞으로 달려나가고 있다. 종잣돈을 빨리 모으면 모을수록 남들보다 빨리 자산에 투자할 수 있을 것이다. 그렇게 그들이 보유한 자산은 그들에게 현금을 가져다주고, 그 자산은 시간이 지남에 따라 점점 가격이 상승한다. 아무것도 가지지 못한 사람은 시간이 지날수록 이들과의 경쟁에서 점점 불리해질 것이다.

그래서 이 상황을 외면해서는 안 된다. 외면하면 외면할수록 더 어려워질 뿐이다. 불리한 경쟁에라도 참여하면서 역전의 기회를 노리든지, 아니면 이대로 불평불만 하면서 패배자가 되든지 2가지 선택지밖에 없다. 자 어떤 선택을 할 것인가? 시간은 우리를 기다려주지 않는다. 하루라도 빨리 시간을 내 편으로 만드는 것이 현명한 선택이다.

03.
부의 속도를 결정하는 것은
소비다

서점에 가보면 수많은 재테크 서적이 있다. 예금을 풍차 돌린다는 방법부터, 주식, 부동산투자법까지. 수많은 사람이 다양한 방법들로 많은 돈을 벌었다. 같은 부동산에 투자하더라도 어떤 사람은 상가에 투자해 돈을 벌고, 어떤 사람은 빌라에 투자해 돈을 번다. 주식도 마찬가지다. 어떤 사람은 유망한 산업에 있는 회사의 주식을 사서 돈을 벌고, 또 어떤 사람은 배당주에 투자해서 돈을 번다. 많은 돈을 벌었다는 공통점은 있지만, 그 방법에서는 모두 각기 다른 자신만의 방법이 있다.

» **부자 되는 공식: 소득 - 소비 = 부**

이처럼 재테크 고수들의 방법들을 들여다보면, 선호하는 재테크 방법들은 각기 다르지만, 이 방법들을 관통하는 한 가지 법칙이 있다. 그것은 바로 '소득 − 소비 = 부(富)'란 공식이다. 월 1,000만 원을 버는 사람이든 월 100만 원을 버는 사람이든 모두 이 원칙을 지켜서 돈을 모을 수 있었고 부자가 될 수 있었다. 나머지 주식투자 방법이나 부동산투자 방법은 세부 방법에 불과하다. 이 원칙이 무너지면 그 누구도 부자가 될 수 없다. 너무 당연한 이야기처럼 들릴지 모르겠다. 하지만 수많은 사람이 이 공식을 활용하지 못하고 있다. 절반만 활용하고 있다고 할까? 그래서 나는 지금부터 이 뻔한 이야기를 뻔하지 않게 해보려 한다.

대부분 사람이 부자가 되겠다고 결심을 한다. 그 후에 가장 먼저 하는 건 "어떻게 하면 소득을 더 늘릴 수 있을까?"에 대한 고민이다. 부자가 되는 법칙인 '소득 − 소비 = 부' 공식에 비춰보면, 소득을 늘려서 부를 늘리겠다는 전략이다. 내가 회사에 다니면서 뻔히 정해져 있는 월급 이외에 추가적인 수입을 얻어서 부자가 되겠다는 것이다. 그래서 이직이나 승진, 부업 등을 하며 부를 늘리려 노력한다.

하지만 부자가 될 수밖에 없는 공식을 보면 부를 증가시키는 방법은 소득을 증가시키는 것만 있는 게 아니다. 소비를 줄이면 소득이 그대로여도 부가 늘어난다는 것을 알 수 있다. 그런데 부자가 되겠다는 사람들은 하나같이 어떻게 하면 소득을 늘릴 수 있을지만 고민한다. 소비를 줄이려는 노력은 좀처럼 하지 않는다. 소득을 늘리는 것은 폼나는 일이지만, 소비를 줄인다는 것은 폼나지 않으니 그런 것 같다.

» 소득을 올리는 것보다 더욱 강력한 소비 줄이기의 힘

소비를 줄인다는 것이 얼마나 대단한지에 대해 이야기해보겠다. 소비를 줄인다는 건 사실 썩 유쾌한 일이 아닐 수 있다. 먹고 싶은 게 있어도 참아야 하고, 남들한테 폼나게 술 한잔 사고 싶을 때도 참아야 한다. 택시를 타는 게 아니라 버스를 타야 하고, 마트에서 할인 판매 하는 것을 사기 위해 줄도 서야 한다. 여러 가지로 자신의 욕망을 줄이고 자존심을 구겨야 할지도 모르겠다. 하지만 분명한 것은 자신의 욕망을 줄이면, 줄이는 만큼 소비도 줄어들 것이라는 사실이다.

그래서 소비를 줄이는 전략은 소득을 늘리는 전략보다 훨씬 확실하고 효과적인 방법이다. 좀더 쉽게 이야기해보면, 부동산에 갭투자를 해서 소득을 막연히 늘리겠다는 전략보다 오늘 스타벅스에서 커피 마실 것을 빽다방(백종원 대표가 운영하는 저렴한 가격의 커피 프랜차이즈 브랜드) 커피로 선택하는 전략이 돈을 모으는 데는 훨씬 확실한 방법이다. 모양새가 나지 않을 뿐이다.

아파트에 투자해서 5,000만 원을 벌었다고 남들한테 말하는 것은 모양새가 나지만, 오늘 내가 커피 한잔을 안 먹어서 5,000원을 절약했다는 건 자랑하기 좀 어렵지 않은가. 게다가 이렇게 절약해서 언제 돈을 모으나 생각이 들 것이다. 그래서 결국은 소비도 줄이지 않고, 여러 가지 이유로 투자도 하지 못하게 되면서 어제의 삶을 오늘도 반복해서 살아가게 된다. 그렇게 내가 부자가 될 수 있는 시간을 스스로 계속해서 뒤로 미룬다.

절약이 얼마나 탁월한 방법인가에 관해 이야기하기 위해 나의 이야기를 잠깐 해보고자 한다. 나는 20대에 아르바이트했던 기간이 통틀어 6개월 남짓이다. 휴학한 상태에서 집에만 있기 심심해서 학원 강사 아르바이트를 했다. 그렇게 학원 강사 아르바이트를 하면서 자신감이 붙었고 4개월 동안 과외를 했다. 20대 초중반의 이 6개월 아르바이트가 나의 아르바이트 경험 전부다.

나는 6개월이라는 짧은 아르바이트 경험을 통해서 종잣돈을 마련했다. 정확하게 기억이 나지는 않지만 한 2,000 ~ 3,000만 원 남짓이었던 것 같다. 밥도 사 먹지 않고 도시락을 싸서 다니면서 악착같이 절약했기 때문에 짧은 시간 동안 꽤 많은 돈을 모을 수 있었다. 당시 나는 주식투자에 관심을 많이 가지고 있던 터라 그렇게 번 돈으로 주식을 사서 모았다. 학교에 복학한 이후로는 그 흔한 커피 한잔 사 먹지 않을 정도로 돈을 쓰지 않았고 웬만한 거리는 걸어 다녔다. 편도 기준으로 2시간 정도의 거리도 걸어 다녔는데 살도 빠지고 건강해지니 힘들다는 생각은 들지 않았다.

당시 나는 용돈을 30만 원 정도 받았는데 차비 6만 원(2,000원 × 30일) 식비 15만 원(학교식당 식권 2,500원 × 30일 × 점심·저녁 2끼)을 빼면 이론적으로 9만 원이 남았다. 그리고 이 9만 원 안에서 핸드폰 요금과 교재비, 술값, 커피값을 모두 써야 했다. 30만 원이라는 용돈은 한 달 동안 살아가기에는 풍족한 금액은 아니었다. 하지만 나는 여기에서도 돈을 아꼈다. 10km가 넘는 거리를 걸어서 등교하기도 했고(청계천을 따라 걸으니 풍경이 너무나 아름다웠다), 가끔은 밥을 먹지 않으면서 식비를 아끼기도 했다. 통신비는 제일 저렴한 요금제에 가입해 거의 받는 용도로만 사용했다.

어찌 되었든 그 30만 원이라는 용돈에서도 나는 매달 저축을 할 수 있었고 그 돈은 고스란히 주식을 사는 데 썼다. 그렇게 한 달에 그리 많지는 않지만 5만 원에서 10만 원 안팎의 돈이 주식 운용자금으로 매달 들어갔고 1년이면 100만 원이 넘는 금액이 되었다. 다른 아르바이트를 하지 않는 상황에서 1년 100만 원이라는 돈은 내게 컸으며 그것은 나의 소중한 종잣돈이 되었다. 훗날 이 돈은 내가 26세에 1억 원이라는 돈을 모으는 원천이 되었다.

» **10만 원을 버는 것과 10만 원을 덜 쓰는 것, 어느 게 쉬울까?**

이런 이야기를 하면 나만 유별난 것 같지만, 사실 소비를 줄이는 것은 이미 하나의 삶의 형태가 되었다. 단순히 돈을 아끼고 모으기 위해서가 아니라 미니멀리즘, 심플라이프로도 소비를 줄이는 것이 주목받고 있다. 지나치게 많은 물질이 오히려 행복에 방해가 된다는 생각을 하기 시작한 것이다.

미니멀리즘이나 심플라이프에 관심이 없는 사람이라면 일본으로 눈을 돌려보자. 일본은 우리나라보다 트렌드가 몇 년 앞서기 때문에 좋은 참고자료가 된다. 고령화라든지 저출산 등 사회적인 문제에서도 일본은 좋은 참고서다. 그런데 이런 일본의 최근 재테크 트렌드는 '절약'이다. 경제가 장기 침체하면서 양질의 일자리는 사라졌다. 경제에 활력이 사라졌고, 많은 젊은이가 프리터족이라고 해서 아르바이트를 하면서 근근이 살아가고 있다. 야망이나 출세에 대한 욕심도 없어서 '사토리 세대'라고 표현되기도 하는데 이들은 크게 벌지도 크게 소비하지도 않는다. 이런 상태에서 나이까지 들면 아르바이트 자리도 구하기가 쉽지 않다.

그러면 할 수 있는 것은 절약이다. 내가 당장 한 달에 10만 원씩만 아껴도 삶에 보탬이 되는 것이다. 60세 이상, 70세가 되어서는 일을 하기도 어려울뿐더러, 일하더라도 벌 수 있는 돈이 많지 않기 때문이다. 그래서 상대적으로 돈을 버는 것보다 소비를 줄이는 것이 중요하게 인식되기 시작했다. 이게 바로 일본의 모습이다. 이처럼 고령화 사회인 일본은 이미 우리보다 앞서 소비의 중요성을 강조하고 있으며, 절약은 단순히 돈을 더 모으겠다는 재테크 전략이 아닌 생존전략이 되었다.

» 소비도 습관이다

'소득 – 소비 = 부(富)' 공식을 이야기하다가 일본까지 오게 되었다. 다시 본론으로 돌아가서, 우리는 소비도 하나의 습관임을 알아야 한다. 그리고 인정해야 한다. 세 살 버릇은 여든까지 가고, 한번 들인 습관은 바꾸기가 어렵다는 것을. 그래서 하루라도 어렸을 적에 부자가 되기 위해서 가장 먼저 해야 하는 일은, "돈을 어떻게 벌면 크게 벌 수 있을까?", "어떤 사업이 대박이 날까?", "어느 아파트가 가격이 오를까?"를 고민하는 것이 아니다. "지금 내가 사는 물건이 나에게 필요한 물건인지", "이 물건의 가격은 얼마가 적당한 가격인지", "같은 물건을 더 싸게 살 방법은 없는지" 등을 고민하고 판단하는 습관을 들여야 한다.

다행히도 나에게는 부모님께서 근검과 절약이라는 선물을 주셨다. 대부분의 베이비붐 세대가 그러하듯이 나의 부모님도 돈에 인색할 정도로 절약을 강조하셨고 어렸을 때부터 그렇게 습관이 든 나는 사치를 즐기지 않는다. 그래서 나는 한 달 30만 원이라는 넉넉지 않은 용돈을 받음에도 저축할 수 있었고, 그 돈을 가지고 투자를 시작할 수 있었다. 나는 이 모든 것이 주식이나 부동산에 대한 지식보다는 소비를 줄이는 데에서 비롯되었다고 생각한다.

메리츠 자산운용 존 리 대표가 강연에서 이런 말을 한 적이 있다.

"

우리나라 사람은
서로 가난해지려고
경쟁을
하고 있다.

"

남을 의식해서 큰 차를 사야 하고, 휴일이면 대형쇼핑몰에 차를 타고 가서 줄 서가며 주차하는 진풍경을 볼 수 있다고 말이다. 한 번 뿐인 인생, 자신이 하고 싶은 대로 살겠다는 것이 나쁘다는 것은 아니다. 하지만 부자가 되겠다는 목표를 세운 사람이라면 한번 생각해보자는 것이다. 정말 그 소비가 합리적이고 필요한 소비인지에 대해서 말이다. 그 소비가 합리적이지 않다면 그것부터 줄이는 습관을 지녀보자. 그것만으로도 우리들의 부는 늘기 시작할 것이다.

04.

YOLO,
인생은 단 한 번뿐이니까

우리의 부모님들은 안 쓰고, 아끼고, 절약하며 살아왔다. 2천 원 짜리 콩나물 가격도 500원 깎아서 사는 게 당연했고, 비싼 소고기가 먹고 싶어도 돼지고기를 먹으며 미래를 준비하셨다. 먼 옛날 며느리가 시장에 가서 생선을 만져만 보고 와서 그 손을 담근 물로 국을 끓이자, 우물에 가서 손을 씻었으면 온 마을 사람이 다 먹을 걸 그랬다며 아까워했다는 이야기도 있었다. 이런 모습은 지금 좀 불편하더라도 내일을 준비하는, 귀감이 되는 삶의 모습이었다.

» 새로운 라이프 스타일의 등장, YOLO

하지만 최근 들어서 이런 삶의 모습과 대비되는 새로운 라이프스타일이 나타났다. 바로 욜로다. 욜로YOLO는 'You Only Live

Once'의 앞글자를 딴 약자인데, '내 인생은 단 한 번뿐이니까'라는 문장으로 설명된다. 내 인생은 단 한 번뿐이니까, 올지도 안 올지도 모르는 미래 또는 타인을 위해 희생하는 것이 아닌 오로지 지금 나의 행복을 가장 중요시하는 태도다. 이들은 비싼 소고기 대신 저렴한 돼지고기를 먹던 부모님과는 달리 소고기가 먹고 싶으면 계획했던 지출을 초과하더라도 소고기를 먹는다. 다른 데서 조금 줄이면 된다는 생각과 지금 당장 행복을 놓치고 싶지 않은 마음이 작용한 결과다.

그런데 갑자기 욜로라는 새로운 라이프스타일에 사람들이 열광하게 된 이유는 무엇일까? 사실 욜로라는 새로운 라이프스타일은 갑자기 난데없이 툭 튀어나온 것이 아니다. 욜로를 이해하기 위해서는 시대적 상황을 먼저 살펴보아야 한다. 과거에 높은 성장률을 기록하던 시기에는 오늘을 참고 더 나은 내일을 기다리는 라이프스타일이 합리적이었다. 이번 달 월급보다 다음 달 월급은 조금 더 많아질 것이라는 기대, 조금 더 아끼고 절약하면 우리 가족이 살만한 집을 마련할 수 있다는 희망, 지금보다 높은 금리로 인해 당장 내가 오늘 저축하면 기대할 수 있는 이자수익이 적지 않았다는 점 등 사람들은 기꺼이 현재를 희생해서 더 나은 미래를 꿈꿀만했다.

그런데 시대가 달라졌다. 높은 성장률은 마이너스 성장률을 우려해야 하는 수준까지 떨어졌고, 이번 달 월급은 잘 받았지만, 다음 달 월급은 잘 받을 수 있을지를 걱정하게 되었다. 지금 당장 회사에서 권고사직 당하더라도 이상할 것이 하나 없는 세상, 지금 이 회사에서 나오게 되면 다시 취업이 언제 될지 모르는 세상, 이런 불확실한 세상 속에서 사람은 확실성에 대한 갈증이 커질 수밖에 없다. 과거의 시대에는 그래도 장밋빛 미래를 기대할 수 있었고, 그 기대가 실현될 가능성이 높았지만 이제는 한 치 앞도 내다볼 수 없는 상황이 된 것이다.

시대가 바뀌자 사람들은 더 이상 장밋빛 미래를 기대하지도, 기다리지도 않았다. 올지 안 올지 모르는 불확실한 미래의 행복 대신에 지금 당장 느낄 수 있는 '작지만 확실한 행복'을 찾기 시작했다. 알뜰살뜰 먹고 싶은 것 참아가며 집 한 채 마련하겠다는 소망에서 행복을 찾기보다는 오늘 하루 열심히 산 나에게 선물하는 값비싼 초콜릿 한 상자에서 행복을 찾기로 한 것이다. 비록 초콜릿이 가져다주는 행복은 크지도 오래 지속하지도 않았지만, 적어도 초콜릿이 입안에서 머무는 동안만큼은 확실한 행복을 가져다주었기 때문이다. 이처럼 저성장 시대에서 기회와 희망을 더 이상 찾기 어려워진 젊은 세대의 새로운 라이프스타일이 바로 욜로다.

» 소확행에서 탕진잼까지

이러한 욜로는 젊은이들 사이에서 '작은 사치', '소확행(작지만 확실한 행복)'을 넘어 '탕진잼'이라는 현상으로 이어졌다. 탕진잼은 '소소하게 탕진하는 재미'의 줄임말인데 경제 불황과 취업난이 계속되면서 수입이 많지 않은 젊은 세대가 최대한의 만족을 얻기 위해 가진 돈을 모두 쓰는 것을 의미한다. 딱히 필요하진 않지만 자신이 가진 돈을 쓰는 행위를 통해 스트레스를 해소하는 것이다.

한때 열풍이 불었던 '뽑기방'은 이런 젊은 세대의 모습을 잘 보여준다. 뽑기방은 인형을 뽑을 수 있는 기계가 가득 찬 공간이다. 뽑기한 번에 1,000원 정도의 돈을 넣고 집게로 인형을 뽑는 것인데 잘하면 한 번에 값비싼 예쁜 인형을 뽑을 수 있는 것이 이 뽑기방의 매력이다. 물론 10번을 해도 인형 하나 못 뽑는 경우도 많다. 인형을 뽑는 데는 실력뿐 아니라 운이 중요하다. 인형의 배치가 적절하게 잘 배치되어 있으면 한 번에 2개를 뽑는 것도 불가능하지만은 않다. 1,000원에 잘하면 인형을 한 개 아니 두 개도 뽑을 수 있다니. 이처럼 적은 비용으로 최대의 만족을 누릴 수 있으니 열광하지 않을 이유가 없다.

서울대학교 심리학과 곽금주 교수는 젊은이들이 뽑기방에 열광하는 현상을 두고 '저비용 한탕주의'라고 표현했다. 금수저·흙수저라는 수저계급론에, 노력해도 되지 않는다는 '이생망(이번 생은 망했다)'이라는 말이 퍼져나가면서 노력보다 운을 중요시하는 심리가 커졌는데 인형 뽑기 열풍도 이런 현상 중 하나라는 것이다.

어찌 되었든 YOLO는 과거보다 적어진 기회, 불확실한 경제 상황 속에서 행복한 삶을 찾고자 하는 젊은이들이 찾은 하나의 답이다. 이런 YOLO를 두고 옳다 그르다를 말하는 것은 어렵다. 하지만

YOLO가 지나쳐 탕진잼까지 이어지는 것은 지나치다는 생각이 든다. YOLO의 뜻이 'You Only Live Once'라면, 한 번뿐인 삶을 사는 최선의 방식이 지금 당장 행복만을 추구하는 것만을 의미하는 것일까?

» **부의 추월차선에서 말하는 진정한 욜로의 삶**

세계적인 베스트셀러 중 하나인《부의 추월차선》이라는 책을 보면 YOLO에 대한 새로운 답을 찾을 수 있을 것 같다는 생각이 든다.

부의 추월차선의 저자 엠제이 드마코는 부모님 세대의 삶, 좋은 직장에 가서 월급을 받아가며 알뜰살뜰 모으며 부를 축적하는 삶을 좋지 않게 보았다. 부를 축적하는 속도가 너무 늦기 때문이다.

마찬가지로 "나는 내일이 오지 않을 것처럼 돈을 쓸 거야", "젠장, 앞으로 며칠 안에 갑자기 죽을지도 모르는데 돈은 모아서 뭐 하겠어", "나는 오늘에 충실하고 내일 따위는 신경 쓰지 않아. 인생은 영원하지 않아. 젊음은 한때야!"라는 생각으로 사는 사람들도 좋지 않게 보았다. 이들은 평생 YOLO 라이프스타일의 노예가 되어 인생을 자유롭게 살아가지 못하리라 생각했다.

그렇다면 엠제이 드마코가 제시하는 삶의 방식은 어떤 것일까? 그것은 한마디로 "빠르게 부자가 돼라"는 것이다. 그의 저서《부의 추월차선》은 하루라도 빨리 부자가 돼서 인생을 자유롭게 살라는 메시지를 전하고 있다. 나는 이러한 엠제이 드마코의 말이 진정한

"

대학교에 가고, 좋은 성적을 받고, 졸업하고,
좋은 직업을 갖고,
수익의 10%를 주식에 투자하고,
최대한 퇴직연금에 투자하고,
신용카드를 없애고, 쿠폰을 모으고...
그러면 당신이
65세쯤 되었을 언젠가 부자가 될 것이다.
:
지금 가진 것에 만족하면 하던 것이나 계속해라.

엠제이 드마코, 《부의 추월차선》토트, 2013, p.10.

"

YOLO의 삶을 제시한다고 생각한다.

　지나치게 미래만을 바라보며 현재를 희생했던 부모님의 삶도, 지나치게 현재만을 바라보며 미래를 포기하는 젊은 세대의 삶도 모두 문제가 있다. 이 두 가지 라이프스타일이 모두 문제를 지니고 있다면 둘 중에서 나은 것을 선택해야 하는 것이 아니라 문제가 없는 정답에 가까운 라이프스타일을 찾아 그런 삶을 살도록 노력해야 하지 않을까. 내 인생은 단 한 번뿐이니까 말이다.

05.
부에 대한
당신의 생각은?

경제적 자유를 이루거나 부자가 되는데 가장 중요한 것은 무엇일까? 사람마다 생각이 모두 다르다. 좋은 대학교를 나와야 부자가 될 수 있다고 생각하는 사람도 있을 것이고, 부자 부모를 만나야 부자가 될 수 있다고 말하는 사람도 있을 것이다. 그밖에 뛰어난 재능이나 사업적 수완을 이야기하는 사람도 있으리라 생각한다.

물론 이 중에 틀린 답은 없다. 이들 모두 부자가 되는데 혹은 경제적 자유를 이루는데 중요한 요소가 될 수 있는 것은 분명하다. 하지만 나는 학벌, 부모, 재능 이전에 더 중요한 것이 있다고 생각한다. 그것은 바로 그 사람의 생각, 정확히 말해 부에 대한 생각이다.

» 금수저·흙수저 계급론이 위험한 이유

언제부터인가 우리나라에는 계급이 생기기 시작했다. 수저계급론이 그것인데 부모가 가진 부의 크기에 따라서 금수저와 흙수저로 나뉜다는 것이다. 부모가 얼마 이상의 자산을 가지고 있으면 그 아이는 금수저 계급이 되는 것이고 부모가 가진 게 없으면 흙수저 계급이 되는 것이다. 이러한 수저론은 단순히 우리나라의 빈부격차를 꼬집는 이야기로 생각할 수 있지만, 실제로는 굉장히 위험한 이야기다.

앞서 말했듯, 과거부터 우리나라는 교육열이 굉장히 뜨거운 사회였다. 물론 이러한 현상은 지금도 계속 이어지고 있다. 강남구 대치동의 아파트값이 높은 이유, 아이들이 밤 12시까지 열심히 공부하는 이유도 공부를 잘해서 좋은 대학교에 가야 잘 살 수 있다는 믿음이 있기 때문이다. 그런데 수저론은 이러한 믿음에 균열을 내기 시작한다. 과거 내가 열심히 공부만 하면 부모와 관계없이 성공할 수 있다는 믿음 대신에 이젠 부모가 경제력이 있어서 좋은 학원에 보내줘야 명문대학교를 갈 수 있고, 수천만 원의 등록금을 감당할 수 있어야만 로스쿨에 진학해 판검사가 될 수 있다. 이런 변화는 무언가를 하기 위해서는 노력만으로 더 이상 안 된다는 이야기를 믿게 만든다.

정말 그렇게 돈이 많아야만 좋은 대학교에 갈 수 있고, 판검사가 될 수 있는지 사실 여부는 중요하지 않다. 진실이든 거짓이든 간에 이런 믿음은 노력을 통해 계층상승을 꿈꾸는 이들을 노력하지 않게 만들어버린다. 노력해도 가능하지 않다는데 누가 노력을 하겠는가.

아무도 노력하지 않는다. 여기에 바로 수저계급론이 위험한 이유가 있다.

과거 조선 시대를 떠올려보자. 당시 사회는 아버지가 왕이면 자식도 왕이고, 아버지가 노비면 자식도 노비인 세상이었다. 지금이야 수저계급론이라는 비유적 표현으로 계층이동의 어려움을 이야기하는 수준이지만 그 당시는 계급사회 그 자체였다. 노비의 자녀가 양반이 되겠다는 꿈을 꾸는 것조차 말이 안 되는 사회였다. 하지만 지금의 관점에서 보면 얼마나 말이 안 되는 이야기인가. 양반의 자녀는 양반이 되고, 노비의 자녀는 노비가 된다는 계급론은 양반이 자신들의 기득권을 지키기 위한 이야기였을 뿐이었다. 그런 이야기를 하늘의 도인 것처럼 믿고 있던 조선 시대의 수많은 노비는 자신들이 양반이 될 수 있음에도 불구하고 잘못된 믿음을 가짐으로써 스스로 자유를 누릴 가능성을 포기하고 말았다.

우리는 밧줄에 묶인 코끼리의 이야기를 알고 있다. 어려서부터 밧줄에 묶여 있던 코끼리는 성인이 되어서도 밧줄은 절대 끊어지지 않을 것이라는 생각 때문에 밧줄을 끊을 생각조차 하지 않는다는 것이다. 이는 코끼리만의 이야기가 아니다. 인류의 역사를 살펴보면, 인류가 상상한 것은 모두 현실이 되었다. 하늘을 날겠다는 꿈도, 지구 밖으로 나가겠다는 꿈도 모두 이루어졌다. 하지만 반대로 상상하지 않은 것은 실현되지 않았다. 생각조차 하지 않으니 될 리가 없다.

지금부터 내가 하는 질문에 솔직하게 답을 해보자. "당신은 부자가 될 수 있다고 믿는가?", "당신은 경제적 자유를 이룰 수 있다고 믿는가?" 이 질문에 답하는데 있어 망설이거나 긍정적인 대답이 나오지 않는다면 당신은 부자가 될 수 없을 것이다. 결국 사람은 자신이 믿는 대로 살기 때문이다. 수많은 자기계발서에서 나오는 "믿는 대로 이루어진다"라는 말을 하는 게 아니다. 부자가 되는 것이 불가능하다고 생각하는 순간, 우리는 부자가 되려고 노력하지 않을 것이기 때문에 이런 이야기를 하는 것이다.

최근 정부에서 주택임대사업자 등록을 장려하면서 주택임대사업자에 대한 정보가 공개되고 있다. 그중에서 내가 흥미롭게 살펴본 것은 가장 많은 주택을 가지고 임대사업을 하는 사람이었다. 언론에서 나오는 기사들을 보면, 서울에 집 한 채 마련하는 게 모든 사람의 꿈이고, 보금자리 하나 마련하는데도 월급을 몇 년간 숨만 쉬고 모아야 한다고 한다. 이렇게 집 한 채 마련하기가 어려운 세상에서 과연 집을 가장 많이 가진 임대사업자는 몇 채나 가지고 있을까?

기사에 따르면 임대주택 최다보유자는 광주에 사는 60대로 무려 2,300여 채를 가지고 있다고 한다. 10채도, 100채도, 1,000채도 아닌 2,300여 채다. 1채 마련하기가 꿈인 세상에서 이 사람은 어떻게 2,300여 채나 가지고 있을까?

이 사람만의 여러 가지 투자법이나 노하우도 있겠지만 분명한 건 이 사람의 생각은 남과 달랐을 것이다. 《나는 갭 투자로 300채의 집주인이 되었다》의 저자 박정수 씨의 이야기를 보면 제일 먼저 집을 100채 가지겠다는 목표를 세웠다. 보통은 이렇게나 많은 집을 가져보겠다는 생각조차 하지 않는다. 하지만 박정수 씨는 남들과 다른 생각을 하였고 그 결과 300여 채나 되는 집을 가지게 되었다. 2,300여 채의 주택을 가진 사람도 마찬가지다. 1채가 아닌 100채, 1,000채를 가지겠다는 생각을 했을 것이다. 그것이 가능하다고 여겼고, 그래서 지금 2,300여 채나 되는 주택을 보유할 수 있는 것이다.

여러분은 집 100채를 가져보겠다는 생각을 해본 적 있는가? 아마 대부분은 그런 생각을 하지 않았을 것이다. 집 1채도 갖기 어렵다고 하니 집 100채를 갖겠다는 생각은 상상조차 하지 않게 된 것이다. 하지만 지금 이 순간부터는 집 100채를 가져보겠다고 생각하고 가질 수 있다고 믿어보자. 그 생각이 바로 당신을 부자로, 경제적 자유로 이끌어줄 것이다.

06.

10만 원을 버는 생각
VS 10억 원을 버는 생각

———————

돈을 많이 가진 사람과 그렇지 못한 사람, 부자와 빈자, 성공한 사람과 성공하지 못한 사람. 이들의 차이점은 무엇일까? 타고난 핏줄이 다를 수도 있고, 집안이 좋을 수도 있다. 물려받은 재산이 많을 수도 있고 운이 좋았을 수도 있다. 하지만 핏줄과 집안, 재산과 운을 논하기 전에 이들이 평범한 사람과 다른 점이 있다. 바로 마인드다.

» **부를 결정하는 가장 중요한 요소, 마인드**

돈을 많이 가진 사람은 보통 사람과 마인드가 다르다. 성공한 투자자 워런 버핏의 이야기를 한번 해보자. 워런 버핏은 성공한 주식투자자로 주식투자를 통해 막대한 부를 만든 사람이다. 그래서 그가 말한 어록은 주식투자자 사이에서 많이 이야기된다. 특히 이 말이 유명하다.

"

남들이
욕심을 낼 때
두려워하고,
남들이
두려워할 때
욕심을 내라.

"

이 투자 격언은 많은 것을 생각하게 한다. 보통 주식투자자는 상승장에서 주식을 사고 폭락장에서 주식을 팔아버린다. 올라가는 주가를 보고 있으면 주가가 한없이 올라갈 것만 같고 하락하는 주식시장을 보고 있으면 공포에 질리기 때문이다.

그래서 일반 투자자들이 주식을 사면 꼭대기에서 주식을 산 후 주가는 내려가고, 최저치에서 팔면 주가가 올라가기 시작한다. 주식투자를 조금이라도 해본 사람이라면 이 말에 공감할 것이다. 하지만 워런 버핏의 생각은 달랐다. 워런 버핏은 대중들이 투매(주가가 급락조짐이 보일 때, 개인투자자 및 외국인 투자자들이 대량 매물을 쏟아내면서 주식의 가격을 하락시키는 것)를 할 때 주식을 싸게 살 기회로 인식을 했고 대중이 너도나도 사들일 때 주식을 비싸게 팔 수 있는 신호로 받아들였다. 이러한 투자에 대한 마인드의 차이는 결국 막대한 수익률의 차이로 이어졌다. 이 마인드 차이가 오늘의 워런 버핏을 만들었다.

이런 마인드 차이는 국내에서도 사례가 많다. 서울에서 4시간 정도 떨어진 강원도 정선에 가면 독특한 펜션이 하나 있다. '강원도 몰디브'라고 별칭으로 불리는 '드위트리 펜션'이다. 누군가 SNS에 올린 펜션 사진이 무려 12만 개의 '좋아요'를 받았다. 인근 대형 리조트보다 검색어 순위도 더 높은 젊은이들의 핫플레이스다. 강원도 정선에 펜션이 없어서가 아니다. 수익성을 생각해 비용을 적게 들여 방을 많이 만든 일반적인 펜션들은 많다.

하지만 드위트리 펜션은 이들과 달리 역발상을 했다. 펜션 건물을 지을 땅에 연못을 팠다. 오로지 세계인의 사랑을 받는 몰디브의 느낌을 주기 위해서였다. 강원도에서 몰디브를 느낄 수 있다니 사람들은 열광했다. 성수기인 여름에는 방이 없어서 1년 뒤 예약을 하겠다는 손님이 있을 정도로 큰 성공을 거두었다. 단순히 방을 늘려서 수익을 올리겠다는 보통 사람들의 생각을 뒤집어 분위기 좋은 풍경을 만든 전략이 적중한 것이다. 그런데 문제는 봄, 가을, 겨울이었다. 연못에 물이 가득 차 있을 때는 아름다운 몰디브 해안이었지만, 물에 들어갈 수 없는 계절이 되자 사람들은 이 펜션을 찾지 않았다.

드위트리 펜션은 여기서 한 번 더 역발상을 한다. 물에 들어갈 수 없는 겨울에는 아예 연못을 얼려서 썰매장으로 만든 것이다. 주변 나무에 크리스마스 트리 장식을 하고, 펜션 건물에 조명을 다니 펜션의 풍경이 '겨울왕국'이 따로 없었다. 아름다운 겨울 분위기가 또 다시 SNS에서 화제가 되었고 드위트리 펜션은 겨울에도 예약이 꽉 차는 인기 펜션이 되었다.

물에 들어갈 수도, 물을 얼릴 수도 없는 봄과 가을에는 꽃으로 펜션을 장식하고 커플들이 와서 수중 자전거와 요트를 두어 물을 즐길 수 있게 하여 예약률을 끌어올리는 데 성공했다. 드위트리 펜션은 다른 펜션들이 방의 개수를 늘려서 수익을 극대화하는 것만을 고민할 때, 어떻게 다른 펜션과 차별화를 줄 콘텐츠를 만들 것인가를 고민했다. 그 결과, 많은 광고비용을 들여 사람들을 모셔오는 다른 펜션들과 달리 고객의 입소문을 타고 저절로 많은 사람이 찾는 인기 펜션이 되었다.

이처럼 성공한 사람과 성공하지 못한 사람은 마인드가 다르다. 우리는 마인드의 차이가 성공과 실패를 가를 정도로 중요한 요소임을 알 수 있다. 이런 이야기는 워런 버핏이나 드위트리 펜션의 이야기처럼 단순히 어떤 사업을 하는 데에만 해당하는 것은 아니다. 돈을 모으는 데도 이러한 마인드의 차이는 완전히 다른 결과를 초래한다.

» 부자가 되고 싶다면 부자의 마인드를 훔쳐라

경제적 자유를 꿈꾸는 당신이 가장 먼저 해야 하는 것은 당신의 마인드를 바꾸는 것이다. 마인드를 바꾼다는 것, 많은 책에도 쓰여 있고 많은 사람이 이야기하지만, 굉장히 어렵다. 오랜 세월 인생을 살아오면서 형성된 마인드를 하루아침에 바꾼다는 것은 불가능에 가깝다. 설령 마인드를 바꾼 것처럼 느끼더라도 사실은 바뀌지 않는 자기기만에 빠지는 경우도 많다. 진정성이 결여된 것이다. 그래서 마인드를 바꾸기 위해서는 끊임없이 자기 설득을 해야 한다. 수많은 책을 읽고 성공한 사람들의 이야기를 들으며 계속 반복해서 자신에게 주입해야 한다. 그렇게 어느 정도 시간이 지나면 자기 생각이 서서히 바뀌기 시작한다. 과거와는 다르게 생각하는 것이다.

그렇다면 마인드를 어떻게 바꾸어야 하는 것일까? 어설프게 적극적인 마인드를 가지라든가, 긍정적인 마인드를 가지라는 추상적인 이야기를 하고 싶지는 않다. 나는 '억만장자 마인드'를 이야기하고 싶다. 미국의 부동산 재벌이자 대통령이 된 도널드 트럼프가 쓴 책 제목이기도 하다. 억만장자 마인드는 크게 생각하고 크게 이루라는 한 줄로 요약할 수 있다. "뭐야 또 목표를 크게 세우라는 이야기냐" 라는 불평을 할 수 있지만, 그 안의 논리는 한번 곱씹어볼 만하다.

지금 내가 10만 원을 모아야겠다는 목표를 세웠다고 해보자. 어떻게 10만 원을 구할 것인가? 부모님이나 친구에게 잘 말해서 한번 얻어 봐야겠다는 생각을 할 것이다. 어쩌면 그 방법이 가장 빠르고 가장 쉽게 10만 원을 모으는 방법이 될지도 모르겠다.

이번에는 내가 100만 원을 모으겠다는 목표를 세웠다고 해보자. 10만 원과 달리 100만 원을 모으기 위해서는 부모님이나 친구들에게 잘 말해서 해결될 것 같지는 않다. 그러기엔 금액이 조금 크니 말이다. 아마도 현실적인 방법으로 짧게 아르바이트를 하는 생각을 떠올릴 것이다. 한 달 정도 일을 하면 100만 원 정도는 모을 수 있을 테니 말이다.

그렇다면 이번에는 10억 원을 모으겠다는 목표를 세웠다고 해보자. 10억 원을 목표로 세우면 머리가 아프다. 부모님이나 친구에게 빌릴 수도 없을 뿐만 아니라 아르바이트로 한 달에 100만 원씩 저축한다고 해도 100년이 걸린다. 대기업에 입사해 직장을 다닌다고 해도 10억 원 모으기는 결코 쉽지 않다. 평생 10억 원을 모으지 못하는 사람도 많다. 그러면 우리는 10억 원을 모을 수 없는 것일까? 이처럼 10억 원을 모으는 문제는 보통의 방법으로는 풀 수 없는 문제다.

평범한 문제는 평범한 답으로 풀 수 있다. 평범하지 않은 문제는 평범한 답으로 풀 수 없다. 당신 앞에 이런 문제가 주어졌다고 해보자. 그리고 당신은 이 문제를 어떻게 풀지 생각해보라. "당신이 자격증을 취득하기 위한 공부를 하기로 결심을 했다. 최단기간에 합격을 해야 한다. 당신은 어떻게 하겠는가?"

이런 문제 앞에 당신의 답은 무엇인가? "더 열심히 최선을 다해서"라고 답하겠는가? 그렇게만 생각해서는 절대 당신은 최단기간에 최고의 성적으로 합격할 수 없을 것이다. 모든 수험생이 열심히 최선을 다해 공부하기 때문이다.

이 문제에 대한 정답을 찾은 사람의 이야기를 들어보자. 도쿄대, 와세다대, 게이오대를 독학으로 동시에 합격하고, 24세부터 매년 50회 이상의 자격시험에 응시해 500개 이상의 자격증을 취득해 일본에서 공부의 신으로 통하는 스즈키 히데아키 씨다. 스즈키 히데아키 씨는 한 언론사와의 인터뷰에서 "공부를 열심히 하는데도 성적이 안 나오는 학생이 있는데 무엇이 문제인가요?"라는 질문에 색다른 답을 이야기했다.

스즈키 히데아키 씨는 성적이 잘 나오지 않는 이유에 대해서 노력의 부족을 이야기하지 않았다. 대신에 노력의 방향성을 이야기했다. 무작정 책으로 공부를 하는 게 아니라 기출문제 분석을 통해 시험에서 요구하는 것을 정확히 파악하고, 그 요구하는 것만 공부하여 최단기간에 합격할 수 있었다. 무작정 공부하는 시간을 늘려야 합격한다는 마인드가 아닌 시험에 필요한 것만 최소한으로 공부하겠다는 마인드가 최단기간 합격에 절대적인 영향을 끼친 것이다.

다시 돈 이야기를 해보자. 돈을 모으겠다면 당신이 가장 먼저 해야 하는 것이 무엇인지 이제 알 수 있으리라 생각한다. 그렇다. 마인드를 바꾸는 것이다. 지금 내가 돈이 없는 것은 마인드가 잘못되어서 그럴 가능성이 높다. 삶을 살아가는 마인드 자체가 잘못이라는 게 아니라 돈을 모으는데 적합한 마인드가 아니라는 것이다.

다시 묻는다. 당신의 목표는 얼마인가? 당신의 목표가 10만 원을 모으는 것이라면, 이런 책을 읽지도 않을 것이다. 그 시간에 아르바이트하는 게 더 옳은 생각일 테니까 말이다. 앞서 우리는 10만 원을 모으겠다고 생각했을 때와 10억 원을 모으겠다고 생각했을 때의 답이 달라진다는 것을 살펴보았다. 10만 원을 모으겠다는 생각으로 고민을 하면 절대로 10억 원을 모을 수 없다. 하지만 10억 원을 모으겠다는 생각을 가지고 고민을 하면 10만 원을 모으는 것을 고민할 때와는 완전히 다른 답을 찾게 된다.

최소한 편의점 아르바이트를 하겠다든지 주위 돈 많은 사람에게 빌려보겠다는 생각은 안 한다. 이것은 마치 자동차 운전을 하면서

> "
>
> '노력의 방향성'이 잘못되었다고 생각합니다. 예를 들면, 문장 기술력이 요구되는 시험인데 연도나 용어 등 세세한 것만 암기하는 식으로 말입니다. 높은 점수를 따려면 어떤 힘을 연마할 필요가 있는지 확실히 파악하고, 그것에 맞는 공부를 해야 성적이 오릅니다. 머리가 나쁘다고 성적이 오르지 않는 것은 절대 아니므로 '무엇을 어떻게 공부해야 하는가'를 제대로 생각하고 궤도를 수정하면 성적은 분명히 오릅니다.
>
> 출처: 최은혜, "'몇 시까지 끝낸다' 공부 미션 정해 게임처럼 공략해봐요",
> 〈중앙일보〉, 2018.03.19
>
> "

기어를 1단에 놓고 시속 200km로 달리겠다는 것과 같다. 우리가 운전할 때 자동차 기어를 1단으로 놓고서는 시속 200km를 달릴 수는 없다. 기어를 바꾸어 5단으로 넣어야 200km로 달릴 수 있다. 10만 원을 모으는 방법과 10억 원을 모으는 방법은 이처럼 다르게 접근해야 한다.

억만장자 마인드는 당신의 머릿속 기어를 1단에서 5단으로 변속시키는 클러치와 같은 역할을 한다. 당신이 원하는 속도에 맞춰 제대로 기어를 넣었을 때, 비로소 당신은 원하는 속도로 달릴 수 있듯이, 당신의 마인드가 10만 원이 아닌 10억 원에 맞춰야 당신은 비로소 10억 원을 모을 수 있다. 경제적 자유가 열심히 더 노력하는 것만으로 이루어지지 않는 이유다.

07.

부를 모은 부자의 비밀
: 하나만 밀고 쭉 나가기

　미국의 전설적인 펀드매니저 피터 린치라는 사람이 있었다. 피터 린치는 1977년부터 1993년까지 마젤란 펀드를 운용했는데 이 펀드의 초기 자산은 1,800만 달러였다. 그로부터 13년이 지난 1990년, 마젤란 펀드의 자산은 무려 140억 달러가 되었다. 13년의 펀드 운용 기간 동안 연평균 수익률 29%, 총 누적 수익률 2,703%를 달성한 것이다.

　역사에 길이 남을만한 피터 린치의 마젤란 펀드는 피터 린치가 기록한 운용수익률도 경이롭지만, 이 놀라운 수익률보다 더 재미있는 이야기가 있다. 바로 이 펀드에 가입한 투자자들 이야기다. 매년 수익률 29%, 총 누적수익률 2,703%에 달하는 펀드에 가입한 개인 투자자는 얼마나 수익을 봤을까? 피터 린치가 펀드의 자산을 어마어마하게 불린 만큼 그들 모두 부자가 되었을까? 놀랍게도 마젤란 펀드에 가입한 투자자 중 절반 정도가 손실을 봤다고 한다.

연평균 수익률 29%, 총 누적수익률 2,703%의 펀드에 가입한 투자자들이 절반이나 손실을 봤다니 어찌 된 일일까? 여기에 바로 투자의 비밀이 숨겨져 있다. 똑같이 투자하더라도 누군가는 이익을 보고 누군가를 손실을 본다. 이 차이는 어디서 오는 것일까?

» 돈을 번 사람의 비밀: 선호의 일관성

재테크에 관심이 있는 사람이라면 서점에 가서 주식이나 부동산 책을 본 적이 있을 것이다. 책을 살펴보면 저자들이 돈 벌었다는 이야기가 주를 이룬다. 주식 책은 '나 주식투자 이렇게 해서 돈 벌었어요.', 부동산 책은 '나 부동산투자 이렇게 해서 돈 벌었어요.'라고 말한다. 이 책들을 천천히 살펴보면 한 가지 재미있는 사실을 알 수 있다.

주식으로 돈을 벌어 책을 쓴 사람도 있고, 부동산으로 돈을 벌어 책을 쓴 사람도 있는데 이 둘을 다 해서 돈을 벌었다고 쓴 책은 없다. 언뜻 생각해보면 가장 돈을 많이 번 사람은 주식투자도 하고 부동산투자도 하는 사람일 것 같지만 실제로는 그렇지 않다. 주식으로 돈을 번 사람은 주식투자만 계속하고, 부동산으로 돈을 번 사람은 부동산투자만 해서 돈을 번 것이다. 즉 자기가 선호하는 분야로 돈을 벌었다. 그게 주식이든, 부동산이든 말이다.

단순히 주식과 부동산의 차원이 아니라 더 구체적으로 들여다보아도 이들의 선호가 얼마나 분명한지를 알 수 있다. 언제 기회가 된다면 부동산 책을 살펴보길 바란다. 부동산투자로 큰돈을 번 사람들은 상가도 하고, 아파트도 하고, 빌라도 하고, 땅도 하는 투자자일 것 같지만 책을 보면 그렇지 않다. 아파트를 하는 사람은 아파트만, 빌라를 하는 사람은 빌라만, 땅을 하는 사람은 땅만 한다. 이것저것 다하는 경우는 찾아보기 어렵다. 이것저것 다하면 돈을 더 많이 벌 것 같지만 실제로는 그렇게 해서 돈을 버는 사람은 없다.

이처럼 내가 좋아하는 투자 대상에만 꾸준히 투자하는 것, 이것을 '선호의 일관성'이라고 한다. 자기가 선택한 것을 오래도록 바꾸지 않고 그 선택을 지키는 것이다. 내가 한 선택을 그대로 지켜나가는 것. 말은 굉장히 쉬워 보이지만 투자를 조금이라도 해본 사람은 안다. 그것이 얼마나 어려운 일인지 말이다.

주식투자를 한다고 해보자. A라는 주식을 샀다. A라는 종목을 선택하기 전에 A, B, C, D를 두고 어떤 종목에 투자해야 할지 수도 없이 고민했다. 비교하고, 비교하고, 또 비교하고, 주변 사람들의 생각까지 물어봐가며 투자를 결정했다. 그런데 얼마나 지났을까. 생각과 달리 내가 투자한 A의 주가는 그대로인데 B의 주가가 막 올라가는 것이 아닌가. 마음이 조급해지기 시작한다.

A와 B를 놓고 계속 고민하다가 A를 골랐기에 더 많은 생각이 들기 시작한 것이다. "역시 A보단 B였어", "B가 오를 수밖에 없지" 등등. 그렇게 계속 고민하고 지켜보다가 결국 결단을 내린다. A를 팔

고 주가가 오르고 있는 B에 투자하기로. A를 팔고 B를 사자 마음이 편해진다. 주가가 꿈쩍하지 않던 A를 잘 팔았다고 하면서 B의 주가를 살펴본다. 그런데 아니나 다를까 짧은 시간 동안 주가가 많이 올라서인지 하락하는 모습을 보인다. 그리고 꿈쩍하지 않을 것 같던 A의 주가가 꿈틀거리더니 주가가 치솟는 것 아닌가. 결국 처음 샀던 A를 중간에 팔지 않고 계속 가지고 있었으면 큰 수익을 볼 수 있었는데 처음 했던 선택을 도중에 바꿨다가 기회를 놓쳐버린 것이다.

주식투자를 해본 사람이라면 이런 경험이 수도 없이 많을 것이다. 투자를 잘하는 데에는 많은 요소가 필요하다. 남이 모르는 나만 아는 정보, 남보다 더 많은 자본, 빠르게 변화하는 투자환경 속에서 상황을 읽는 능력 등. 수많은 요소가 복합적으로 작용해 투자에 대한 성과를 만든다. 하지만 이런 요소 가운데서 가장 중요한 것은 투자의 일관성이다.

한 해에 토지보상금으로 풀리는 돈만 몇십 조에 이른다. 시골 마을에서 농사만 짓던 할아버지가 갖고 있던 땅이 개발되면서 부자가 된 이야기는 어렵지 않게 들을 수 있다. 할아버지에게는 마땅한 정보도, 남들보다 더 많은 자본도, 투자에 대한 생각도 없었지만 시간이 지나면서 가지고 있던 논과 밭이 개발되면서 큰돈을 벌게 된 것이다. 논과 밭에서 농사를 계속 지었기에 그런 영광을 누릴 수 있는 것이다. 그렇지 않고 농사를 짓다가 도중에 논과 밭을 팔았다면 엄청난 개발 이익은 얻을 수 없었을 것이다. 할아버지는 선호의 일관성을 지켰기에 투자에서 큰 성공을 거둘 수 있었다.

» 누적수익률 2,703%, 마젤란 펀드의 투자자들이 손실을 본 이유

다시 처음으로 돌아가자. 연평균수익률 29%, 총 누적수익률 2,703%의 마젤란 펀드에 투자했던 투자자 중 절반이 이익은커녕 손실을 봤다고 했다. 이제는 손실의 원인이 무엇인지 감이 잡히는가? 그렇다. 마젤란 펀드에 가입한 투자자 중 절반에 달하는 사람들이 손실을 본 것은 바로 단기 투자 때문이었다. 경제가 조금이라도 안 좋아져 펀드의 수익률이 떨어지면 사람들은 펀드에서 돈을 뺐다. 그리고 조금 경기가 좋아져 펀드가 높은 수익률을 기록하면 다시 펀드에 돈을 넣었다.

언뜻 보기에는 굉장히 영리한 투자자의 모습 같지만 결국 펀드 수익률이 높은 것을 확인하고 투자를 결정했을 때는 고점에 투자한 것이었고, 펀드 수익률이 마이너스가 난 것을 확인하고 펀드에서 돈을 뺀 것은 저점에 손절매(손해를 보고 판다는 뜻)한 게 되었다. 그러니 이익은커녕 손실을 볼 수밖에 없었다. 결국 마젤란 펀드의 엄청난 수익률을 누린 이들은 결국 돈이 있을 때마다 꾸준히 펀드에 돈을 넣은 사람과 처음에 펀드에 돈을 넣고 돈을 찾지 않았던 사람들이었다. 이들만이 이 전설적인 수익률을 나눠 가졌다.

우리는 보통 투자에서 높은 성과를 보이는 사람을 만나면 그 사람은 뭔가 비밀이 있으리라 생각한다. 아무한테도 알려주지 않는 투자의 기술이라든지, 혼자만 알고 있는 비밀정보를 가지고 투자를 한다고 믿는다. 하지만 정말 제도권 내에서 높은 수익률을 기록하고 있는 사람들의 이야기를 들어보면 그렇지 않다. 가격이 가치보다 떨어졌을 때 사서 가격이 가치만큼 올라오면 판다든지, 주식은 '사는 것이지 파는 것이 아니다'라는 생각으로 꾸준히 주식을 모으면서 기업의 이익을 나누어 가진다. 그리고 자신들의 판단을 쉽게 바꾸지 않는다. 이들은 자신의 철학을 가지고 꾸준히 투자해나간다. 투자에서 성공하는 것은 정보도, 기술도, 감각도 아닌 선호의 일관성이라는 것을 보여준다.

결국에 투자에는 시간이 필요하다. 자신의 철학을 가지고 선호를 일관되게 지켜간 사람만이 수익이라는 달콤한 과실을 먹을 수 있다. 시골에서 농사만 짓던 할아버지도 가지고 있던 땅이 개발되면서 큰 부자로 만드는 힘, 바로 선호의 일관성이다.

08.
당신의 언어가
곧 당신이다

우리는 언어를 통해서 세상을 바라본다. 언어로 규정되어 있지 않은 것들을 우리는 표현할 수 없으며, 인식할 수 없다. 언어가 우리의 사고를 지배하고, 우리는 우리가 알고 있는 언어만큼만 세상을 바라볼 수 있다.

» 무지개가 일곱 빛깔인 이유

무지개를 한번 살펴보자. 무지개는 몇 가지 색으로 이루어져 있는가? 대부분 사람은 7가지라고 답할 것이다. 빨주노초파남보 말이다. 하지만 정말 무지개는 7가지 색으로 이루어져 있을까? 그렇지 않다. 우리는 무지개의 색이 7가지로 이루어져 있다고 배웠기 때문에 무지개가 가지고 있는 색을 7가지로 본다. 빨강과 주황 사이에 빨강도 주황도 아닌 색깔, 노랑과 초록 사이에 연두색과 유사한 색깔, 초록색과 파란색 사이에 초록색도 파란색도 아닌 색깔 등은 우리가 배우지 않았기에 보이지 않는 것이다.

우리가 빨간색과 주황색이 반반 섞인 색을 빨주색, 노란색과 초록색이 반반 섞인 색을 노초색, 초록색과 파란색이 반반 섞인 색을 초파색이라고 배웠다면 우리는 무지개를 7가지 색깔로 이루어져 있다고 답하지 않았을 것이다. 10가지 색이라고 대답했을 것이다. 빨, 빨주, 주, 노, 노초, 초, 초파, 파, 남, 보. 하지만 우리는 7가지 색으로 인식하고 있기 때문에 우리 눈에는 7가지 색깔만 보이는 것이다.

무지개뿐만이 아니라 우리의 일상에서도 이런 경험을 쉽게 찾을 수 있다. 여자친구와 화장품 매장에 갔을 때를 생각해보라. 여자친구는 열심히 립스틱 색깔을 고르고 있다. 남자에게도 이 색깔이 잘 어울리는지, 예쁜지 등을 묻는다. 그런데 남자 눈에는 다 똑같은 핑크색으로 보인다. 그런데 여자는 하나씩 계속 바르고 잘 어울리냐고 묻는다. 립스틱을 바르지 않는 남자 입장에서는 립스틱의 색구분이 세분화되어 인식되어 있지 않기 때문에 네온 핑크, 러브미 핑크, 울트라 핑크 등등 수많은 핑크가 모두 하나의 핑크로만 보인다. 하지만 립스틱을 많이 골라보고 수많은 핑크 제품을 써본 여자의 입장에서는 그 핑크가 그 핑크가 아니다. 여자의 뇌에는 이미 수많은 핑크색이 들어있기에 다양한 핑크색을 인식하고 표현한다.

돈에 대해서도 같다. 돈을 우리가 어떤 언어로 정의하느냐에 따라서 우리는 부자가 될 수도 있고 부자가 되지 못할 수도 있다. 앞서 무지개의 사례처럼 우리는 우리가 알고 있는 것으로만 세상을 바라볼 수 있기 때문이다.

부채에 대한 이야기를 해보자. 사람들은 부채를 싫어한다. 부채는 다른 사람들에게 돌려주어야 하는 무언가를 의미하기 때문에 부정적으로 생각한다. 하지만 무지개 속에 수만 가지 빛깔이 들어있듯이, 부채 역시도 부정적인 것만 들어있지 않다. 하지만 부정적인 인식만 하고 부채를 보는 사람들의 눈에는 긍정적인 요소가 보이지 않는다.

극히 일부 소수의 사람만이 부채에서도 긍정적인 것을 발견한다. 부채는 나쁘다는 인식만 가지고 있는 것이 아니라 부채에 대한 좋은 인식도 함께 가지고 있어서 부채라는 것을 제대로 본다. 그들은 이 부채가 나에게 도움이 되는지 되지 않는지를 따져본다. 도움이 되지 않으면 당연히 부채를 지지 않겠지만, 도움이 된다면 기꺼이 부채를 진다. 부채에 대해서 나쁘게만 인식하는 사람들은 결국 이 기회를 놓치고 만다. 그들이 가진 부채에 대한 편견 때문에 말이다.

그래서 언어를 안다는 것은 매우 중요하다. 우리는 언어를 통해서 세상을 인식할 수 있고, 언어가 없으면 있는 것도 볼 수 없게 되기 때문에 여러 가지 다양한 언어를 배워나가야 한다. 하지만 사람들은 이런 노력을 하지 않는다. 당연히 모르니 인식조차 할 수 없으며, 잘못됐다는 생각 역시 없다.

» 부자 되는 법을 배우지 못해서 부자가 될 수 없다

우리가 부자가 되지 못하는 이유도 바로 여기에 있다. 우리는 금융에 대해서 학교에서 배우지 않는다. 그래서 금융에 대한 언어를 배울 기회가 없었다. 그래서 어떻게 금융을 이용하고, 나의 돈을 어떻게 운용해야 하는지에 대한 생각이 없다. 그저 저축만 하거나 지인의 권유로 보험을 가입하는 정도다.

실제로 대다수 금융전문가는 우리의 무지를 이용해서 돈을 벌고 있다. ELS라든지, ELW, 변액유니버설 등과 같은 복잡하고 생소한 단어를 사용하며 구체적으로 설명해주지 않는다. 우리는 그런 상품에 대한 설명을 그들에게 처음 듣기 때문에 그들이 말하는 것만을 인식한다. 그 상품의 나쁜 점을 제대로 볼 수 없다.

실제로 우리가 인식하지 못해서 놓치는 투자기회가 얼마나 많겠는가. 오로지 '저축'만 알고 있는 사람에게는 더욱 그럴 것이다. 그들의 눈에 투자수단은 적금밖에 보이지 않을 것이기 때문이다. 하지만 '부동산투자'를 아는 사람이라면 저축이라는 투자 수단 외에 부동산이라는 선택지를 하나 더 가지게 된다. 그리고 이는 남들이 보지 못하는 기회를 잡는 계기가 된다.

비트겐슈타인은 "언어의 한계는 내 세계의 한계다"라는 말을 남겼다. 굉장히 철학적인 의미가 담긴 말이지만 쉽게 풀어내면 이렇게 설명할 수 있다. 내가 한국어만 할 줄 안다면 나는 한국을 주 무대로 활동 할 수밖에 없다. 그런데 영어를 배운다면, 나는 한국뿐만 아니라 영어권 국가까지 내 활동영역을 넓힐 수 있을 것이다.

이와 마찬가지다. 여기서 언어를 국어, 외국어가 아닌 각 학문의 지평으로 생각해보자. 각 분야에서 내가 아는 데까지가 내 한계다. 돈에 대해서도 우리가 아는 만큼까지가 내가 돈을 벌 수 있는 한계치가 된다. 저축만 알고 있는 사람은 저축까지가 한계치이고 저축과 부동산, 주식에 대해서 알고 있는 사람은 그보다 넓은 한계치를 가진다. 자신의 한계치가 넓으면 넓을수록 더 많은 기회가 온다. 그래서 우리는 우리의 언어를 늘려나가야 한다.

09.

시간은 어떻게
황금이 되는가

'시간은 금이다'라는 말을 들어보았을 것이다. 시간의 중요성을 강조한 말이겠거니 하고 그냥 지나치는 경우가 많겠지만 우리는 이 말을 곰곰이 생각해볼 필요가 있다. 그리고 이 말의 진정한 의미를 깨달아야만 우리는 돈을 불려나갈 수 있다.

» 당신의 시간은 얼마입니까

우리는 억만금을 줘도 시간을 되돌릴 수 없다는 것을 안다. 부자에게나 빈자에게나 모두 똑같이 24시간이 주어진다는 것도 안다. 그래서 우리는 시간을 그 무엇과도 바꿀 수 없는 귀하고 가치 있는 것으로 생각한다. 하지만 사실 우리는 시간의 가격을 책정하고 있다. 자본주의 사회에서는 불가피하게 시간을 돈으로 환산하는 작업을 할 수밖에 없다. 업무를 보다가 다치게 되면 그 사람의 보상금을 책정하기 위해서도 필요하고, 고용주가 근로자를 지나치게 착취하는 것을 막기 위해서도 필요하다.

우리가 인정하든 인정하지 않든 우리의 시간에 대한 가격은 이미 계산되고 있다. 내가 그 가격에 내 시간을 팔 것인지 안 팔 것인지는 개인의 선택에 달린 문제지만 대부분은 그렇게 누군가가 정해놓은 가격에 내 시간을 팔게 된다. 시간을 가진 자가 돈을 가진 자보다 많기 때문이다.

그렇다면 우리나라에서 1시간의 가치는 얼마일까? 2019년을 기준으로 우리나라에서 1시간의 가치는 최소 8,350원이다. 이 8,350원은 정부에서 최저임금으로 정한 가격이기 때문에 우리나라 내에서는 누구라도 이 정도의 가치를 보장받을 수 있다. 이를 두고 누군가는 적다고 이야기할 수도 있고, 또 누군가는 많다고 이야기할 수도 있다. 하지만 금액의 크고 작음은 중요하지 않다. 우리의 시간이 이렇게 금액으로 환산돼 정해져 있다는 사실이 중요하다.

» 시간이 금인 이유는 최저임금 때문이 아니다

1시간의 가치가 8,350원이라는 최저임금으로 계산을 해보면, 하루의 가치는 200,400원, 한 달의 가치는 6,001,200원이 된다. 시간의 가치를 실제로 계산해보니 시간은 금이라는 말이 더욱 실감이 나는가? 자 그렇다면, 누군가가 이런 제안을 했다고 해보자. 1시간에 1만 원의 시급을 주겠다는 것이다. 최저임금보다 1시간에 1,650

원이나 많은 금액이다. 당신은 당신의 시간을 이 사람에게 팔 것인 가?

'시간은 금이다.'라는 말을 최저임금으로 계산하여 이해하고 있다면, 이 제안을 받아들여야 할 것이다. 정부에서 정한 시간의 가치보다 더 높게 준다니 말이다. 하지만 우리는 이 제안을 받아들여서는 안 된다. 시간의 가치를 정부의 계산대로 따르면 우리는 결코 부자가 될 수 없기 때문이다.

» 시간의 연금술, 시간이 가지고 있는 힘

우리는 대학교를 졸업하고 직장에 들어간다. 규모가 있는 대기업에 들어간다면 최저임금의 몇 배가 되는 임금을 받으며 회사에 다닌다. 그런데 이상하게도 대부분 회사원은 풍요롭지 못하다. 정부에서 제시하고 있는 최저임금보다 몇 배나 높은 가격에 내 시간을 팔고 있는데도 부가 축적되지 않는 것이다. 왜 그럴까?

이는 '시간은 금이다.'라는 말을 잘못 이해하고 활용했기 때문이다. '시간은 금이다.'라는 말은 앞서 살펴본 것처럼 나의 시간가치를 빗대어 표현한 말이 아니다. 이 말은 사실 시간이 가진 엄청난 힘을 이야기하는 것이다.

와인을 떠올려보자. 와인은 포도로만 만들어진다. 포도의 가격을 생각해보면 그리 비싸지 않다. 하지만 포도를 한곳에 넣고 숙성시키는 과정을 거쳐 와인을 만들면 가격이 엄청나게 오른다. 사실

포도의 가격만 놓고 보면 와인이 비쌀 이유는 하나도 없다. 하지만 와인에는 포도와 다른 무언가가 하나 더 들어가 있다. 바로 '시간'이다. 그래서 가격이 비싸다. 이것이 바로 시간이 갖는 힘이다. "시간이 금이다"라는 말은 내 1시간의 가격이 얼마이기 때문에 금이라는 것이 아니다. 내가 가진 무언가에 시간을 첨가하면, 그 가치가 어마어마하게 증가하기 때문에 "시간은 금이다"라는 표현을 쓰는 것이다. 실제로 와인이 아니어도 시간의 힘을 느낄 수 있는 사례는 많다.

강남 압구정동에 위치한 현대아파트는 1977년에 3.3㎡당 55만 원에 분양했다. 그로부터 40년이 지난 압구정 현대아파트는 땅이 더 넓어진 것도 아니고, 건물이 더 좋아진 것도 아니지만 3.3㎡당 가격이 6,000만 원을 훌쩍 넘는다. 100배 이상 가격이 오른 것이다. 단지 시간이 흘렀을 뿐이다. 압구정 현대아파트뿐만 아니다. 삼성전자도 1975년 상장 당시 가격이 1,131원에 불과했다. 그런데 지금은 얼마인가? 압구정 현대아파트가 하나도 부럽지 않을 정도다.

물론 시간이 지난다고 해서 모든 가치가 상승한다는 것은 아니다. 하지만 시간은 어떻게 쓰느냐에 따라서 모든 것을 금으로 만들어버리는 비밀의 연금술이 될 수 있는 것은 분명하다. 이 연금술을 제대로 사용하지 못하는 사람은 금을 만들지 못할 테고, 이 연금술을 일찍부터 깨닫고 잘 활용하는 사람은 어마어마한 양의 금을 만들 수 있다. 그래서 시간은 금이다. 내가 지금 가지고 있는 것보다 몇 배, 몇십 배 이상의 금을 만들어 낼 수 힘을 가지고 있기 때문이다.

우리는 이 같은 시간의 힘을 잘 깨닫고 활용할 줄 알아야 한다. 그래서 세계적인 주식투자자 앙드레 코스톨라니도 이런 말을 남겼다.

일단 우량주 몇 종목을 산 다음, 수면제를 먹고 몇 년 동안 푹 자라.

앙드레 코스톨라니는 종목을 잘 골라놓은 다음, 시간을 넣어주면 자연스럽게 어마어마한 수익이 생긴다는 것을 알고 있었다

10.
재테크의 시작은
독서다

―――――――

2017년 국민독서실태조사에 따르면 2017년 성인의 연평균 독서량은 8.3권이다. 연평균 8.3권이니 한 달에 1권도 읽지 않는 셈이다.

독서라는 것을 단순한 취미생활로 여긴다면 대수롭지 않게 생각할 수도 있다. 하지만 독서는 단순한 취미활동이 아니다. 자신을 성장시킬 수 있는 배움이다. 옛말에 "젊었을 때 고생은 사서도 한다"라는 말이 있다. 젊었을 때 많은 경험을 해보라는 의미일 것이다. 하지만 나는 이 말에 동의하지 않는다. 어차피 살아가면서 이 세상의 모든 것을 경험하는 것은 불가능하다. 하루에도 끊임없이 새로운 게 생겨나고 있으며 그것을 경험하기 위해선, 시간이 짧게는 몇 초부터 길게는 몇 년이 걸린다. 그런데 길어야 100년 남짓 살아갈 수 있는 인간의 수명 안에서 모든 것을 경험하는 것은 애초에 불가능하다.

수많은 경험 중에서 우리는 선택을 해야 한다. 어떤 경험을 할 것인지, 하지 않을 것인지. 그렇게 선택을 해야 하는 상황에서 일부러 나쁜 경험을 선택할 필요는 없다. 좋은 것을 경험하는데도 우리에게 주어진 인생은 너무나 짧기 때문이다.

» 다른 사람의 경험을 얻는 가장 쉬운 방법

그러면 우리는 어떤 경험을 선택해야 하는지 고민에 휩싸인다. 그럴 때 도움을 받을 수 있는 것이 바로 독서다. 경험이라는 것은 크게 직접경험과 간접경험으로 나눌 수 있다. 직접경험을 하면 좋긴 하지만 시간과 비용이 많이 든다. 반면에 간접경험은 직접경험보다는 경험의 체험 강도가 낮긴 하지만 시간과 비용이 적게 든다는 장점이 있다. 특히 독서는 간접경험을 할 수 있는 최고의 수단 중 하나다. 독서를 통해 우리는 우리가 살아보고 싶은 삶을 사는 사람의 이야기를 들을 수 있으며, 현재 하고 있는 고민에 대한 다른 사람의 답을 찾을 수 있다. 그뿐만 아니라 문제해결이나 목표를 성취하고자 할 때 시행착오를 겪지 않도록 도움을 받을 수도 있다.

우리는 목표를 달성하는 과정에서 '시행착오'라는 말을 굉장히 긍정적으로 쓴다. 처음이니까 당연히 겪어야 되는 비용정도로 생각한다. 그래서 처음 겪어야 하는 시행착오에 대해 굉장히 관대한 태도를 보이는데 되도록 시행착오는 안 겪는 게 가장 좋다. 시행착오 역시 비용이다. 그러면 시행착오를 줄이기 위해서 우리가 할 수 있는 일은 무엇이 있을까?

이미 우리가 원하는 것을 달성한 사람들의 이야기를 듣는 것이 한 가지 방법일 것이다. 여기에는 직접 그 사람을 만나는 것도 방법이지만, 그러기엔 너무나도 큰 비용과 시간이 들 수 있다. 상대방이 만나줄지도 의문이고 말이다. 하지만 직접 만나는 것과 달리 아주 손쉬운 방법이 있는데 그것이 바로 독서다. 책에는 내가 원하는 것을 이룬 사람들의 경험이 적혀 있다. 이런 책을 통해 우리는 그 사람이 겪은 것을 알 수 있고, 그 사람의 철학과 메시지를 가지고 내 삶에 적용할 수 있다. 즉 독서만 한다면 그 사람이 겪은 시행착오를 피할 수 있으며 동시에 나의 시행착오도 줄일 수 있다.

» **재테크를 할 때도 책은 가장 좋은 수단이다**

돈을 모으는데도 마찬가지다. 돈을 모으기 위해 주식투자를 했다고 해보자. 어떤 주식이 좋은지 포털사이트에 검색해보고, 각종 게시판에 들어가서 오를 거라고 쓰인 종목을 골라서 샀다. 아마도 작전 세력에게 당해 돈을 잃을 확률이 높다. 그렇게 몇 번 크고 적은 돈을 잃으면서 '아, 이런 방법으로는 주식투자를 해선 안 되겠구나' 느끼는 것이 바람직한가? 그렇지 않다. 이건 시행착오가 아니라 준비가 안 된 것이다. 이미 주식투자로 막대한 돈을 번 사람들이 자신의 투자철학과 투자방법을 책으로 써놓았는데도 그러한 책 한 권도 읽지 않고 자기 생각에 따라, 감으로 투자하는 것은 무모한 행위다.

그러니 비싼 수강료를 내고 시행착오를 겪을 수밖에 없는 것이다.

그래서 무슨 일을 시작할 때는 책을 가장 먼저 읽어야 한다. 주식으로 돈을 벌기로 하든, 부동산으로 돈을 벌기로 하든 가장 먼저 해당 분야의 책을 읽는 것이 중요하다. 그래서 주식이 뭔지, 주식투자의 장단점은 무엇인지, 부동산은 무엇인지, 부동산투자의 장단점은 무엇인지 본인이 명확하게 알고 있어야 한다.

어느 정도 큰 틀을 잡아놓고 자신에게 가장 잘 맞는 분야를 선택해 범위를 좁혀가야 한다. 그렇게 범위를 좁힌 뒤에도 책이나 강연 등 다양한 수단을 통해서 그 방법으로 돈을 번 사람들의 이야기를 계속 들어야 한다. 그들은 어떻게 돈을 벌었는지, 어떻게 접근해야 돈을 벌 수 있는지 등을 완전히 숙지한 다음 투자에 들어가도 늦지 않다. 물론 책을 수십 권 읽어도 실전과 다른 점이 한둘이 아니다. 그래서 책으로 공부한 뒤에도 실패하는 경우가 허다하다. 이처럼 사전에 충분히 준비하고 뛰어들어도 돈을 잃는 경우가 많은데 아무것도 모르고 투자부터 하겠다고 하면 돈을 잃을 가능성이 매우 높을 수밖에 없다.

11.

돈이 절로
돈을 번다

우리가 어떤 게임을 한다고 가정해보자. 그 게임에서 이기기 위해서 가장 먼저 해야 할 일이 무엇일까? 그것은 바로 게임의 규칙을 아는 것이다. 게임의 규칙을 모르면 그 게임에서 절대 이길 수가 없다.

야구를 예로 들어보자. 방망이를 3번 휘두르면 아웃이 된다는 야구의 규칙을 모르는 사람이 타석에 섰다. 공이 오면 방망이를 어떻게든 맞춰보려고 무조건 휘두르려 할 것이다. 그렇게 3타석 만에 그 사람은 경기장을 나와야 할 것이다. 왜 나와야 하는지도 모른 채 말이다.

그런데 이는 단지 게임에만 국한되는 이야기가 아니다. 우리 사회에서도 규칙이 있다. 배트를 3번 휘두르면 아웃이 된다는 규칙이 있는 것은 아니지만 물건을 훔치거나 사람을 죽이면 감옥에 간다와 같은 규칙이 있다. 아마도 이러한 규칙을 모른다면 빵집에 있는 맛 있는 빵을 마음껏 먹고 영문도 모른 채 경찰서에 끌려가게 된다. 규칙을 이해한다는 것은 게임뿐만 아니라 삶에 있어서 정말 중요한 일이다.

» 돈 벌려면 돈 버는 규칙을 알아야 한다

돈을 버는데도 역시 규칙의 이해가 가장 중요하다. "무작정 열심히 일해서 저축하면 돈을 벌 수 있겠지"라는 생각을 가지고 열심히 일만 한다면 야구의 규칙도 모르고 타자석에 배트를 들고 나가는 사람과 다를 바가 없다. 아마 타자석에서 열심히 배트만 휘두르다 다시 돌아오게 될 것이다.

마찬가지로 돈을 벌겠다고 생각하고 열심히 일만 하고 저축만 해서는 생각보다 돈이 모이지 않는다는 것을 깨닫게 될 것이다. 과거에는 그나마 금리가 높아서 저축만으로 어느 정도 재산형성을 할 수 있었지만, 이제는 금리가 터무니없이 낮아 저축만으로 목돈을 만들기가 어려워졌기 때문이다. 즉 게임의 규칙이 바뀌었다. 이러한 규칙의 변화를 빠르게 이해하고 받아들이는 사람은 돈을 벌 수 있지만, 여전히 과거의 규칙에 얽매여 있는 사람은 돈을 모을 수 없다.

그렇다면 돈을 버는데 있어, 가장 중요한 규칙은 무엇일까? 그것은 바로 '복리'의 규칙이다. 복리의 규칙을 제대로 이해하지 못한다면 목돈을 벌기 어렵다. 반대로 복리의 규칙을 제대로 이해한다면 다른 사람보다 돈 모으기가 훨씬 수월해진다.

복리에 있어서 중요한 개념이 3가지가 있다. '기간', '금액', '수익률'이다.

첫째, '기간'이라는 것은 시간을 의미한다. 얼마나 오랫동안 돈을 굴리느냐에 따라 내가 미래에 얻을 수 있는 수익이 달라진다. 시간의 힘을 잘 보여주는 이야기가 하나 있다. 1626년 네덜란드인들이 인디언들에게 24달러를 주고 맨해튼의 땅을 샀다고 한다. 지금 와서 보면 그 비싼 맨해튼 땅을 고작 24달러에 팔다니 어리석다고 이야기할지 모르지만 이 24달러를 지금까지 가지고 연간 수익률 10%의 복리로 굴리고 있었다면 무려 380년 후인 2006년을 기준으로 대략 12경 달러가 되어있을 것이라고 한다. 380년이라는 긴 시간 동안 24달러가 12경 달러가 된 것이다. 실제로 복리와 반대되는 개념인 단리를 표로 비교해보면 수익에서 많은 차이가 나는 것을 알 수 있다.

둘째는 금액이다. 금액은 사실 현실적인 제약이 따르기는 하지만 많이 모으는 사람이 더 많이 모을 수밖에 없다는 것을 알려준다. 한 달에 100만 원씩 저축하는 사람과 한 달에 200만 원을 저축하는 사람이 있다면 당연히 200만 원을 저축하는 사람이 더 많은 돈을 더 빨리 모은다. 따라서 금액을 최대한 많이 확보해놓는 것이 복리 효과를 극대화하는 데 있어 중요하다.

세 번째는 수익률이다. 수익률은 복리에 있어서 가장 중요하고 절대적인 개념이다. 물론 수익률은 높으면 높을수록 좋다. 1년에

연이율10%	단리	복리
0년후	100,000,000	100,000,000
1년후	110,000,000	110,000,000
2년후	120,000,000	121,000,000
3년후	130,000,000	133,100,000
4년후	140,000,000	146,410,000
5년후	150,000,000	161,051,000
6년후	160,000,000	177,156,100
7년후	170,000,000	194,871,710
8년후	180,000,000	214,358,881
9년후	190,000,000	235,794,769
10년후	200,000,000	259,374,246
15년후	250,000,000	417,724,817
20년후	300,000,000	672,749,995
25년후	350,000,000	1,083,470,594
30년후	400,000,000	1,744,940,227
35년후	450,000,000	2,810,243,685
40년후	500,000,000	4,525,925,557
45년후	550,000,000	7,289,048,369
50년후	600,000,000	11,739,085,288

단리와 복리의 차이

100%의 수익률을 달성할 수 있다면 10년이면 원금의 1,024배의 자산을 보유할 수 있게 된다. 1억 원을 가지고 투자했다면 10년 뒤에 1,024억 원을 보유하게 되는 것이다. 실제로 세계적인 투자의 귀재로 손꼽히는 워런 버핏의 경우 연평균 수익률이 30% 정도라고

한다. 매년 연평균 30%의 수익률만 내도 세계적인 부자가 될 수 있는 것이다. 수익률과 기간이 누적되면 복리의 힘이 누적되어 효과를 낸다.

복리에서는 이 3가지 개념이 가장 중요하다. 기간, 금액, 수익률. 기간은 길면 길수록, 금액은 많으면 많을수록, 수익률은 높으면 높을수록 더 많은 이익을 얻는다. 따라서 은행에 저축하든, 주식시장에 투자하든, 부동산에 투자하든지 간에 기간, 금액, 수익률에 대한 규칙을 정확하게 이해하고 접근한다면 돈 버는 일이 그렇게 어렵게만은 느껴지지 않을 것이다.

제4부

**아주 쉬운
돈의 기초**

01.

돈은 낮은 데서
높은 데로 흐르는 게 진리다

　지구상에서 모든 만물은 중력의 법칙에 의해 높은 곳에서 낮은 곳으로 움직인다. 나무에 매달린 사과도 높은 곳에서 낮은 곳으로 떨어지고, 강물도 높은 곳에서 낮은 곳으로 흐른다. 이 중력의 법칙에서 자유로울 수 있는 것은 아무것도 없다.

　그런데 돈은 다르다. 돈은 낮은 곳에서 높은 곳으로 움직인다. A라는 은행에서 예금금리가 1%이고, B라는 은행에서 예금금리가 2%라면 사람들은 A 은행의 돈을 찾아다가 B 은행에 예치할 것이다. 1%라도 더 수익을 올리기 위해서 말이다. A 은행에 맡겼던 돈이 금리가 높은 B 은행으로 이동하는 것이다. 이처럼 돈은 중력의 법칙을 거슬러 반대로 움직인다.

'와타나베 부인'이라는 말을 들어봤는지 모르겠다. '와타나베 부인'이라는 말은 우리나라로 치면 '김씨 부인' 정도라고 생각하면 된다. 각 가정에서 경제권을 쥐고 있는 일본의 주부들이라 '일본 아줌마부대'라고도 한다. 그런데 이런 와타나베 부인들이 국제 금융시장에서 미치는 영향력이 크다는 것을 알고 있는가?

와타나베 부인의 등장은 1990년대였다. 당시 일본은 거품경제가 꺼지면서 잃어버린 20년이라는 긴 불황에 빠져들고 있었다. 일본 정부에서는 이런 불황을 탈출하기 위해서 초저금리 정책을 사용하였고, 이 초저금리 정책으로 인해 '엔 캐리 트레이드'라는 투자법이 등장한다.

엔 캐리 트레이드의 투자법은 이렇다. 일본의 초저금리 정책으로 돈을 저렴하게 빌릴 수 있게 되자 와타나베 부인들이 은행에서 돈을 빌려다가 금리가 높은 다른 나라에 투자한 것이다. 예를 들어, 일본이 초저금리로 인해 대출금리 1%로 돈을 빌리는 것이 가능하다면, 1%에 돈을 빌려다가 5%의 금리를 주는 국가에 투자하는 것이다. 그러면 해당 국가에서 5%의 이자수익을 받고 그 이자수익을 가지고 대출이자를 내고 나면 4%의 이익을 얻는다.

어렵지 않고 상대적으로 안전한 이 투자는 하지 않을 이유가 없었다. 국가 간 어느 정도 이상의 금리 차이만 발생하면 손쉽게 할 수 있기 때문이다. 그래서 일본의 와타나베 부인 외에도 이러한 투자를 하는 사람들이 있는데 어느 국가 소속이냐에 따라 미국의 스미스 부인, 유럽의 소피아 부인이라고 부른다. 모두 자국의 저금리를 이용한 해외투자를 하는 투자자를 일컫는다. 물론 이러한 엔 캐리 트레이드에 투자위험이 아예 없지는 않다. 엔화가 고평가될 경우에는 손실이 발생할 위험이 존재한다. 단, 여기서는 기본적인 금리 차이를 이용한 투자의 원리를 설명하고 있으므로 환율에 대한 이야기는 하지 않도록 하겠다.

» 투자의 기본 원리: 낮은 데서 높은 곳으로 돈을 이동시켜라

위 와타나베 부인의 사례는 돈을 어떻게 굴려야 하는지를 잘 보여준다. 낮은 금리와 높은 금리를 활용하여 수익을 창출하는 '엔 캐리 트레이드'는 단순히 해외투자에만 국한되지 않는다. 우리가 하는 주식, 채권, 부동산에 모두 적용되는 원리다.

최근 부동산 가격이 급등한 것도 이러한 돈의 속성과 관련이 있다. 과거에 금리가 높았던 시기에는 사람들이 굳이 부동산에 투자할 요인이 없었다. 한국은행에서 발간한 〈숫자로 보는 광복 60년〉에 따르면 1970년에 우리나라의 예금금리는 22.8%였고 대출금리는 24%였다.

은행의 예금만 해도 1년의 수익이 22.8%나 되던 이 시기에는 굳이 사람들이 다른 재테크 수단을 찾지 않아도 괜찮았다. 4년 정도만 기다리면 원금이 2배씩 통장에서 불어났던 시기니까 말이다. 하지

	단위	1945	1970	1980	1990	2000	2005.상반
예금금리	연%	3.4	22.8	18.6	10.0	7.01	3.46
대출금리	"	6.6	24.0	20.0	10.0~12.5	8.55	5.56
회사채수익률	"		20.10	30.70	16.48	9.35	4.30
콜금리(익일물)	"		17.90	22.85	14.03	5.05	3.26

금리변동 추이 (출처: 한국은행, 〈숫자로 보는 광복 60년〉)

만 지금은 예금금리가 2%에도 못 미친다. 그러다 보니 통장에 돈을 아무리 많이 넣어두어도 돈이 불어나지 않는다. 자연스럽게 예금이 아닌 다른 투자처를 찾는 게 당연하다. 최근에는 부동산이 투자처로 떠오르면서 가격이 급등하게 된 것이다.

그러면 저금리가 지속되면 부동산 가격은 계속 상승할 수 있을까? 꼭 그렇지만은 않다. 부동산 가격이 지나치게 높아져 부동산에서 기대할 수 있는 수익률이 금리 수준보다 낮아지면 다시 부동산의 돈은 금리로 이동하거나 주식이나 채권과 같은 다른 투자처로 이동한다. 그래서 돈은 계속 순환한다. 물이 높은 곳에서 낮은 곳으로 쉬지 않고 흐르듯이, 돈 역시도 낮은 곳에서 높은 곳으로 끊임없이 움직인다.

이런 상황 속에서 돈 버는 방법은 간단하다. 돈의 움직임을 예측하여 돈이 몰려오기 전에 먼저 투자를 해놓는 것이다. 투자해놓고 기다리기만 하면 자연스럽게 돈의 속성에 따라 물 흐르듯 수익을 가져다줄 것이다. 그래서 우리는 금리를 잘 알고 있어야 한다. 금리는 돈의 흐름을 조정하는 신호등과 같은 역할을 하기 때문이다. 미국의 금리는 어떠한지, 우리나라의 기준금리는 어떠한지, 대출금리의 변화, 주식·채권·부동산 등과 같은 투자상품의 수익률은 어떠한지 꾸준히 확인해야 하는 이유다. 이런 다양한 정보를 통해 돈의 움직임을 예측하여 미리 투자한다면 높은 이익을 거둘 수 있을 것이다.

02.
한국은행에서
금리로 경제 관리하는 법

우리나라의 경제를 이야기하는 데 있어서 빼놓을 수 없는 기관 중 하나가 바로 한국은행이다. 한국은행은 우리나라의 중앙은행으로서 많은 역할과 기능을 맡고 있는데, 많은 사람이 대부분 잘 알지 못한다. 그래서 한국은행의 역할과 정책에 관해서 이야기를 해보고자 한다. 한국은행의 역할과 정책을 잘 이해할 수 있다면, 경제를 이해하는 데 많은 도움을 받을 수 있다.

» 한국은행의 존재 이유, 물가 안정

먼저 한국은행의 존재 이유에 대해서 이야기를 해보자. 한국은행은 왜 있는 것일까? 한국은행의 목표는 무엇일까? 한국은행의 홈페이지에 보면 이 부분에 관해 이야기를 하고 있는데 살펴보면 다음과 같다.

한국은행은 효율적인 통화신용정책의 수립과 집행을 통해 물가 안정을 도모함으로써 나라경제의 건전한 발전에 이바지합니다.

　위의 문장을 통해 우리는 한국은행이 물가안정을 목표로 설립된 기관이라는 것을 알 수 있다. 저녁에 뉴스를 보다 보면 물가가 많이 올라서 서민들의 삶이 어려워졌다는 이야기가 나온다. 그래서 일부 사람들은 물가가 오르면 나쁜 것이고, 물가가 내리면 좋은 것으로 생각하는 경향이 있는데 여기서 우리는 정확히 알고 가야 한다.

　정부에서는 물가하락을 목표로 정책을 펼치지 않는다는 것이다. 정부가 원하는 것은 '물가안정'이다. 이는 물가가 급격히 올라가거나 내려가는 것 모두 원하지 않는다는 것이다. 그러면 한국은행이 생각하는 적정한 물가안정은 어느 정도를 이야기하는 것일까? 한국은행에서 밝히고 있는 물가안정은 2018년 11월 기준 물가상승률 2%다. 한국은행의 모든 정책은 물가상승률 2%를 달성하기 위해 수립되고 있다.

　하지만 물가상승률을 2%에 맞춘다는 것은 쉬운 일이 아니다. 국내외적으로 발생하는 경제적인 이슈와 불현듯 찾아오는 경제위기는 한국은행이 목표를 쉽게 달성할 수 있도록 내버려 두지 않는다. 그래서 한국은행은 통화신용정책을 통해 경제가 잘못되지 않도록 관리한다.

그렇다면 구체적으로 한국은행은 물가안정이라는 목표를 달성하고자 어떤 노력을 하고 있을까? 일단 경제가 어려워지고 있다고 가정해보자. 경제가 어려워지기 시작하면, 당장 소비가 줄어든다. 소비가 줄어들면 공장에서는 생산량을 줄이게 되고, 이에 따라 자연스럽게 물건을 만들 때 사용하는 원자재 수요도 줄어든다. 불경기로 사회에는 돈이 돌지 않게 되고 경제는 점점 어려워지기 시작한다. 수요의 감소로 인해 공급이 줄어 이로 인해 실업자가 증가하고, 또 다시 이로 인해 수요가 더 줄어드는 악순환이 반복되는 것이다.

이런 악순환이 계속 반복되면 디플레이션이 발생하게 되고, 경제 대공황으로 이어질 수 있기 때문에 매우 위험하다. 따라서 한국은행은 이런 악순환에 빠지지 않게 적당한 역할을 수행하게 되는데, 보통 한국은행이 사용할 수 있는 통화신용정책을 가지고 위기를 극복하고자 노력한다. 한국은행이 사용하는 정책들은 크게 4가지가 있다.

1. 기준금리 내리기

한국은행이 가장 많이 사용하는 정책은 바로 기준금리를 내리는 것이다. 한국은행에서 기준금리를 내리면 시중의 은행들도 금리를 내리기 시작한다. 그러면 기업은 돈을 저렴하게 빌려 공장도 짓고 사람도 더 뽑아 쓰기 시작한다. 또한 사람들도 대출에 대한 부담이 줄어들어 이전보다 소비를 늘린다. 이처럼 기준금리를 내려서 한국은행은 경제가 악순환에 빠지지 않도록 할 수 있다.

2. 국공채 사기

한국은행에서는 채권을 사고팔아 시장에 있는 돈의 양을 조절할 수도 있다. 한국은행이 시중은행들이 가지고 있는 국공채를 사는 것이다. 그러면 한국은행은 시중은행들에게 채권을 사는 대신 그에 맞는 돈을 주게 되고, 그렇게 돈을 받은 은행들은 그 돈을 가지고 기업이나 개인에게 대출해준다. 그러면 자연스럽게 시중에 돈이 늘어나게 되어 물가상승과 소비가 늘어난다.

3. 지급준비율 내리기

지급준비율을 통해서도 통화량을 조절할 수 있다. 지급준비율이란 쉽게 말해 은행에서 최소한으로 가지고 있어야 하는 돈의 양인데 이를 낮춰주면 더 많은 돈이 시중에 풀린다. 은행 입장에서는 최대한 많이 대출해줘야 수익이 많이 나기 때문에 지급준비율이 내려가면 추가적인 대출을 해주게 되고, 대출을 통해 시중에 풀린 돈들은 경제가 다시 살아나는 데 도움이 된다.

4. 총액한도대출 늘리기

총액한도대출이란 은행의 중소기업 대출 확대 및 지역 간 균형발전을 유도하기 위해 한국은행이 낮은 금리로 자금을 지원하는 정책금융이다. 한국은행에서 총액한도대출을 늘리게 되면 시중은행을 통해 중소기업에 돈이 더 풀린다. 이는 투자를 촉진하고, 시장에 흘러가는 돈이 늘어나 경제가 활성화되는 데 도움이 된다.

이처럼 한국은행은 다양한 통화신용정책을 통해 물가안정이라는 목표를 달성하고자 노력하고 있다. 그래서 한국은행에서 하는 정책을 살피면 정부가 우리 경제를 어떻게 진단하고 있는지 짐작할 수 있다.

수많은 경제 전문가들이 금융통화위원회의 결과를 주목하는 이유도 바로 여기에 있다. 금융통화위원회에서는 기준금리를 결정하여 발표하는데, 기준금리를 내린다면 "정부가 경제가 안 좋다고 생각하는구나"라는 판단을 할 수 있기 때문이다. 앞서 살펴본 대로 기준금리를 내린다는 것은 시중에 돈을 풀어 경제를 활성화하겠다는 의도가 있기 때문이다. 반대로 금융통화위원회에서 기준금리를 올린다는 것은 이제 더 이상 시중에 돈을 풀지 않겠다는 의미이기 때문에 그에 맞춰 새로운 대처를 해야 할 것이다.

한국은행은 국가 경제를 컨트롤 하는 중요한 기관으로서 우리는 한국은행의 발표를 늘 예의주시해야 한다. 그래야 정부가 현재 상황을 어떻게 바라보고 있는지 판단할 수 있으며, 우리도 앞으로 대처방안을 세울 수 있기 때문이다. 이것이 우리가 한국은행의 역할과 기능을 반드시 이해하고 있어야 하는 이유다.

금리의 대장
: 기준금리

금리는 돈에 대한 사용료를 의미한다. 이처럼 금리에 대한 설명은 간단한데, 금리를 공부해야 하는 이유는 금리의 종류와 역할이 경제에 있어서 굉장히 중요한 역할을 하기 때문이다. 또 생각보다 금리의 종류가 많다. 우리는 보통 예금금리, 대출금리 정도를 알고 있지만, 이 세상에는 수많은 금리가 있다. 콜금리, 환매조건부채권금리, 회사채금리, 전환사채금리, LIBOR금리, CD금리, 코픽스금리, 통화채금리, 금융채금리 등. 이 금리들을 모두 달달 외울 필요는 없지만 이런 금리도 있다는 것 정도는 알아두자. 그리고 이 중에서 꼭 알아야 하는 몇 가지 금리를 함께 살펴보고자 한다.

» 가장 중요한 기준금리

가장 먼저 알아야 하고, 제일 중요한 금리가 바로 '기준금리'다.

기준금리는 이름에서 알 수 있듯이 한 나라의 모든 금리의 기준이 되는 금리다. 각종 금리가 이 기준금리에 따라서 움직이고, 한국은 행은 이 기준금리를 가지고 통화정책을 운용한다.

우리나라의 경우 한국은행 금융통화위원회에서 물가동향, 국내 경제 상황, 국외경제 상황, 금융시장 등을 고려하여 기준금리를 결 정하는데 이렇게 결정된 기준금리는 금융기관 간 초단기 금리에 해 당하는 콜금리에 영향을 미치고, 콜금리는 시장금리, 예금 금리, 대 출 금리 등에 영향을 주어 결국에는 물가와 실물경제까지 영향을 미치게 된다.

» 금융기관 간 초단기 이자, 콜 금리

'콜 금리' 역시 기준금리 못지않게 중요한 금리 중 하나다. 콜 금 리는 2008년 2월까지 지금의 기준금리 역할을 했던 금리였는데 2008년 3월부터는 환매조건부채권(RP)금리를 기준금리로 활용하 고 있다. 그렇다면 콜금리는 무엇이며, 왜 콜금리는 기준금리로 계 속 사용하지 않게 된 것일까?

콜금리란 금융기관 상호 간에 지극히 짧은 기간 동안 돈을 빌릴 때 내는 이자다. 여기서 금융기관이라고 함은 은행, 보험, 증권회사, 여신전문금융회사, 창업투자회사, 선물회사, 공공자금관리기금, 예 금보험공사 등과 같은 기업, 기타 기관들을 의미한다. 은행이든, 보 험회사이든, 증권회사이든 타인의 돈을 유치해서 그것을 바탕으로 수익을 내는 구조이기 때문에 돈의 유출입이 매우 활발하다.

이러한 금융기관, 금융기업들은 돈을 맡긴 고객들이 언제 돈을 찾으러 올지 모르기 때문에 가능성은 높은 것은 아니지만 돈을 돌려주지 못하는 상황을 맞이할 수도 있다. 그렇다고 가능성이 낮은 이러한 위험을 피하고자 금고 안에만 돈을 가지고 있다면 금융기관들은 돈을 벌 수가 없다. 상시 돈을 내어줄 수 있는 최소한의 금액만 은행에 보관하고 나머지 돈은 돈이 필요한 곳에 대출을 해줘야 수익을 극대화할 수 있다.

그런데 이렇게 받은 돈을 대출해주고, 예금을 수시로 입출금하다 보면 일시적으로 가진 돈이 부족한 상황이 발생한다. 정상적인 영업에 지장이 없을 정도의 돈을 제외하곤 모두 대출로 수익을 창출하기 때문이다. 이 경우 돈을 고객에게 못 돌려준다고 해서 은행이 파산을 맞이하는 일은 없어야 할 것이다. 그래서 각 금융기관은 상호 간에 자신들이 가지고 있는 돈을 빌려주고 받게 되는데, 이때 빌려주는 돈의 사용료가 바로 '콜 금리'다.

일시적으로 자금이 부족해진 금융기관이 타 금융기관으로부터 자금을 빌려달라고 요청하는 것을 '콜'이라고 하므로 이 금리의 이름을 '콜 금리'라고 부른다. 콜 금리는 금융기관들의 일시적인 자금 부족을 해결하는 데 쓰이기 때문에 매우 기간이 짧은 것이 특징이다. 콜 금리물 약 90% 이상이 하루짜리다. 그래서 우리가 "콜금리가 얼마이다'라고 말할 때는 1일물 금리를 이야기한다. 이러한 콜금리를 더 이상 기준금리로 사용하지 않게 된 것은 시장의 자율에 따라 콜의 금리가 결정돼야 함에도, 한국은행의 의도에 따라 금리가 움직이게 됨으로써 효율성 자체에 문제가 생긴다는 비판이 있었기 때문이다.

» 한국은행이 기준금리로 시장에 영향을 주는 과정

콜금리는 앞서 말했듯이 개인과 기관이 거래할 때 적용되는 금리가 아니다. 금융기관끼리만 적용되는 금리다. 콜금리는 금융기관끼리 거래할 때 쓰는 금리이지만, 금융기관끼리 온전히 자율적으로 금리를 정할 수는 없다. 기준금리의 눈치를 봐야 한다. 만약 한국은행 금융통화위원회(이하 금통위)에서 기준금리를 인하했다고 해보자. 기준금리를 내린다고 해서 시장이 곧바로 금리를 따라 내리지는 않는다.

그래서 한국은행은 자신이 가진 돈을 가지고 시중에 나와 있는 채권을 매입하기 시작한다. 많은 돈을 바탕으로 채권을 매입하니 자연스럽게 채권가격은 상승하기 시작한다. 채권가격이 상승하면 자연스럽게 채권의 금리(수익률)는 내려간다. 한국은행은 채권의 금리가 원하는 수준에 도달할 때까지 매입하여 금리를 원하는 만큼 내릴 수 있다.

어찌 되었든 기준금리의 변동은 채권의 금리에 영향을 미치고, 채권의 금리변화는 주택담보대출과 같은 가계의 대출금리까지 영향을 미친다. 기준금리를 주목해야 하는 이유가 바로 여기에 있다. 중앙은행에서 자세히 국가 경제를 살피고, 국외의 경제여건을 모두 살펴 금리를 올릴 것인지, 내릴 것인지, 동결할 것인지를 결정한다. 즉 기준금리의 방향은 우리에게 단순히 앞으로 대출이자를 더 내야 하는지, 덜 내야 하는지를 가르쳐주는 것만이 아니다. 기준금리의 방향은 중앙은행이 우리 경제를 어떻게 판단하고 있는지를 가늠해 볼 수 있는 중요한 신호이고, 우리는 그러한 중앙은행의 결정을 지켜보며 우리 자신의 가계경제 운용을 해나가야 한다.

중앙은행이 금리 인하를 예고하고 있는 상황을 가정해보자. 이는 앞으로 시중에 돈이 많이 풀리게 됨을 의미한다. 그러면 돈의 가치는 떨어지고 자산의 가치가 올라간다. 주식이나 부동산의 가격이 올라가는 것이다. 따라서 개인의 입장에서 중앙은행이 금리 인하를 예고하고 있다면 현금을 보유하기보다는 자산을 사야 한다. 그래야 자신의 부를 늘릴 수 있다. 금리 인하를 예고한 상태에서 계속 저축을 하고 있다면, 저축금리는 지금보다 더 떨어지기 시작할 것이고 그러면 나의 이자소득은 줄어들 것이다. 또한 상대적으로 자산가치는 많이 상승했는데, 나의 현금은 그만큼 상승하지 못했으므로 손실을 본다.

04.
코픽스 금리·CD금리·CP금리
훑어보기

과거 주택담보대출의 기준금리 역할을 해왔던 CD금리가 한계를
드러내자, 그 자리를 새롭게 꿰찬 금리가 바로 코픽스(COFIX) 금리
다. 코픽스(COFIX)란 'Cost Of Fund Index'의 약자로 2010년 2월부
터 주택담보대출의 기준금리로 이용하고 있다. 코픽스 금리는 은행
연합회가 시중은행들의 다양한 자금 조달비용을 취합하여 산출한다.

» 코픽스 금리

코픽스 금리는 정기예금, 정기적금, 상호부금, 주택부금, CD, 환
매조건부채권, 표지어음, 금융채(후순위채 및 전환사채 제외) 등 은행들
이 자금 조달을 할 때 이용하는 다양한 금융상품의 금리를 모두 포
함한다. 은행들은 이런 코픽스 금리에 대출자의 신용도를 반영하여
대출금리를 결정한다.

예를 들어 코픽스 금리가 1.51%라고 가정해보자. 내 집 마련을 하고자 하는 A가 집을 사기 위해 은행에서 주택담보대출을 받으려고 하면, 코픽스 금리인 1.51%에다가 A의 개인적인 신용도를 등급화해 '+ α'의 금리를 더해 대출금리를 결정한다. 최종 대출금리는 개인의 신용도에 따라 조금씩 달라지겠지만 신용도가 좋든 나쁘든 간에 대출금리는 코픽스 금리의 영향을 받을 수밖에 없다.

» CD금리

2008년 즈음에 무리하게 대출을 받아 집을 산 사람이라면 CD금리가 올라가는지 내려가는지 살펴봤을 가능성이 크다. 그때에는 주택담보대출금리의 기준이 되는 금리였기 때문이다. 다시 말해 CD금리가 올라가면 주택담보대출금리가 상승한다는 의미였고, CD금리가 내려가면 주택담보대출금리가 하락한다는 의미였다.

그래서 집을 산 사람들에게는 매우 중요한 금리였다. 그리고 반드시 살펴봐야 하는 금리 중 하나였다. 하지만 지금은 아니다. 지금은 주택담보대출금리의 기준금리는 CD금리가 아니라 코픽스 금리이기 때문이다. 하지만 그래도 금리 중에는 나름 유명하고 영향력이 있는 녀석이니 한번 살펴보자.

CD금리에서 CD는 'Negotiable Certificate of Deposit'의 약자로 우리말로는 '양도성예금증서'라고 한다. 여기서 중요한 단어는 '양도성'과 '예금'이라는 말인데, 양도성은 양도(재산이나 물건을 남에게 넘겨줌)할 수 있다는 말이고, 예금은 우리가 알고 있는 예금·적금할 때 그 예금이다. 하지만 그렇다고 해서 일반 고객을 상대로 거래되는 금융상품은 아니다. 은행과 은행 사이에서 거래되는 상품이다.

은행은 예대마진을 바탕으로 수익을 창출한다(이 내용은 뒤에서 살펴볼 것이다). 이때 예금해놓은 돈을 대출해 줬을 때, 고객들이 돈을 모두 찾으러 오면 그 은행은 고객들의 예금을 돌려줄 수 없어서 파산할 수 밖에 없다. 이때 은행은 자기가 가진 돈이 부족할 경우에는 자신 역시도 어디선가 빌려와야 하는데 주로 같은 업을 하고 있는 은행에서 빌려오게 된다.

이때 돈을 빌려주고 빌렸다는 증서가 바로 '양도성예금증서'다. 따라서 CD금리라는 것은 은행끼리 돈을 빌리고 빌려줄 때 적용되는 금리를 의미한다. 이러한 CD금리의 만기는 주로 30일이나 90일짜리가 대부분이다. 보통의 회사채들이 3년짜리인 것을 고려하면 극히 짧지만, 콜금리와 비교하면 긴 편이다.

CD금리가 은행들끼리 돈을 빌리고 빌려줄 때 적용되는 금리라는 것을 생각해보면, 왜 주택담보대출금리를 설정할 때 CD금리를 기준으로 했는지 짐작할 수 있다. 은행의 주 수입원이 예대마진이기 때문이다. 소비자들이 은행에서 대출을 받는 데는 많은 이유가 있지만, 그 중 대표적인 것이 바로 집을 살 때이다. 집을 산다는 것은 개인에게 있어 거액의 돈이 들어가는 구매행위이기 때문에 자기 돈만 가지고 집을 구매하는 경우는 거의 없다. 대부분 은행에서 대출을 받아서 집을 구매하게 되는데, 은행입장에서는 이 주택담보대출이 안정적이면서도 짭짤한 수익을 가져다주는 수입원이 된다.

그런데 은행 입장에서는 주택담보대출금리를 얼마로 정할지 고민이 된다. 주택담보대출금리를 너무 높게 잡으면 다른 은행에 고객을 빼앗길 가능성이 높고, 그렇다고 너무 낮게 잡으면 오히려 손해를 볼 수 있다. 그래서 최소한 손해를 보지 않기 위해서 주택담보대출 금리의 최저치를 CD금리로 고려하는 것이다. 비상시에 타 은행에서 돈을 빌리게 되더라도 손해를 보는 일은 없어야 하기 때문에 CD금리에다가 '+ α'를 붙여서 주택담보대출금리를 설정한 것이다.

CD금리는 2010년까지만 해도 주택담보대출금리의 기준금리로 사용되었다. 하지만 지금은 CD금리 대신에 코픽스 금리를 주택담보대출금리의 기준금리로 사용하고 있다. 왜 CD금리의 자리를 코픽스 금리가 대신하게 된 것일까?

때는 2009년이었다. 2008년 글로벌 금융위기로 인해 세계 경제가 심상치 않자 2009년 정부는 은행의 건전성을 높이기 위해 예금대비 대출비율을 100% 이하로 낮췄다. 그런데 이 과정에서 그동안 예금으로 인정하던 CD를 예금에서 제외하기로 하였다. CD가 예금으로 인정받지 못하게 되자, 은행들의 CD 발행이 급격히 줄어들기 시작했고, 거래량이 줄어든 CD금리는 시장금리를 제대로 반영하지 못했다. 더욱이 2008년 글로벌 금융위기를 타개하기 위해서 시중 금리가 계속 내려가는데도 증권사들이 의도적으로 CD금리를 내리지 않고 있다는 의혹이 금융권 일각에서 제기되면서 CD금리 담합 논란이 떠올랐다.

CD금리는 주택담보대출금리를 비롯해 가계나 기업이 은행에서 대출받을 때 기준금리 역할을 하므로 은행에서 CD금리를 담합하여 내리지 않을 경우 은행에서는 막대한 이익을 챙길 수 있다. 당시 공정위가 담합을 의심했던 은행들은 2011년 12월부터 2012년 7월까지 다른 시중금리가 모두 하락했지만 CD금리는 연 3.54~3.55%를 유지하고 있었다. 실제 2012년 7월 한국은행이 기준금리를 연 3.25%에서 3.0%로 인하하였음에도 CD금리는 3.54%로 변동이 없었다.

이에 공정거래위원회가 2012년 CD금리 조작 혐의로 국내 은행들을 조사하기 시작하였고, 동시에 사회적으로 CD금리를 대체할 다른 금리를 만들어야 할 필요성이 대두되기 시작했다. 이에 따라 금융위원회, 기획재정부 등이 참여한 단기 지표금리 개선 팀에서 CD 금리를 대신할 단기 코픽스 금리를 매주 수요일에 발표하기로 하였고 지금은 코픽스 금리가 CD금리의 자리를 대신하고 있다.

CD금리가 은행들끼리 거래할 때 이용되는 금리라고 하여서 결코 우리와 먼 금리가 아니다. 우리가 많이 투자하고 있는 MMF(투자신탁회사가 고객의 돈을 걷어 단기금융상품에 투자해서 이익을 얻는 초단기금융상품)라는 금융상품을 통해 우리는 이미 CD금리를 어느 정도 이용하고 있다. MMF라는 금융상품의 수익원이 CD를 사고팔아서 남는 수익이기 때문이다.

» CP금리

앞서 은행끼리 단기로 돈을 빌려주고 빌릴 때 적용되는 금리를 CD금리라고 했다. 하지만 돈이라는 게 꼭 은행만 필요한 건 아니다. 사업을 해야 하는 모든 기업에 돈은 기업의 생사가 달려있을 정도로 중요하다. 그러면 은행이 아닌 기업은 돈을 어떻게 빌릴까? 기업은 경영상에 필요한 자금을 조달하기 위해서 '어음'이라는 것을 발행한다. 이를 영어로는 'Commercial Paper'라고 해서 CP라고 줄여서 표시하며 한글로는 기업어음이라고 한다.

흔히들 어음이라고 하면 기업이 원재료나 물건 등을 사고 돈 대신 주는 것으로 생각하는 경향이 있다. 물론 그것도 맞다. 이러한 어음은 진성어음이라고 부른다. 규모가 크고 반복되는 거래 형태에 있어 거래상대방을 신뢰할 수만 있다면 어음을 통한 거래는 편리한 면이 많다. 어음을 받은 거래처에서는 어음에 표기한 일정한 기간에 그 어음을 은행에 가져가 돈을 받으면 일일이 물건을 주고받을 때마다 정산할 필요가 없고, 현금수송의 위험성 역시 감소하니 거래가 빠르고 간편해진다. 이것이 진짜 어음, 즉 진성어음의 모습이다.

이러한 진성어음의 모습에서 조금만 바꾸어서 생각해보자. 물건을 주고받을 때 어음을 써주는 것이 아니라 그 물건이 돈인 경우를 말이다. 그러면 어음거래의 모습은 사실상 돈을 빌리고 갚는 형태의 거래가 된다. 예를 들어 9억 5천만 원을 빌리면서 10억 원짜리 어음을 써주면, 나는 그 어음을 들고 특정일 때까지만 기다리면 10억 원을 받을 수 있게 되는 것이다. 즉 돈을 빌려주고 이자를 수령하는 것이다. 이처럼 물건이 아닌 돈을 주고받는 어음을 융통어음이라고 한다.

융통어음이 모두가 CP가 되지는 않는다. CP가 되기 위해서는 신용평가기관 2곳 이상에서 '적격'평가를 받은 기업만이 CP를 발행할 수 있다. 즉 CP는 융통어음 중에서도 어느 정도 위험성이 감소한 안전한 어음이다. CP는 기업들이 자금을 조달하기 위한 하나의 수단이다.

그래서 기업의 CP금리를 살펴보면 그 기업의 대략적인 경영상황을 짐작해볼 수 있다. 예를 들어, CP금리가 높다는 얘기는 기업의 단기자금 상황이 그만큼 어렵다는 것을 의미한다. 당장에 급하게 돈이 필요하니 이자를 높게 쳐줄 수밖에 없고, 이자를 많이 주면 당연히 CP금리가 높을 수밖에 없다. 반대로 안정적이고 자금에 문제가 없는 기업은 CP금리가 낮을 수밖에 없다.

CP를 이야기하면서 우리나라에서 반드시 언급해야 하는 기업이 동양그룹이다. 서민들이 금리를 조금이라도 더 받고자 잘 알지도 못하는 동양그룹의 CP에 투자하였다. 물론 대부분 CP를 판매할 때 증권사에서는 충분히 상품에 대한 설명을 하였다고는 하지만, 서민들이 정말 그 설명을 알아들었는지는 알 수 없다. 어찌 되었든 대부분의 사람은 높은 금리를 준다는 설명과 설마 거다란 기업이 망할까 하는 생각, 거기에 CP상품을 팔면서 금융회사 직원들의 괜찮을 거라는 조언 등이 덧붙여지면서 수많은 사람이 동양그룹의 CP에 투자하였다.

그런데 문제는 그 이후다. 여러 가지 경영환경이 녹록지 않고 재무상태가 좋지 않았던 동양그룹이 결국 법정관리에 들어가는 일이 발생하였고, 결국 수만 명의 투자자는 큰 손실을 볼 수밖에 없었다. 아마 이들 투자자 중에서는 CP는 물론 동양그룹 자체도 모르는 사람이 있었을 것이다. 모든 것을 알고서 했다면 덜 억울했을 것이다. 본인이 감당해야 하는 리스크의 크기를 인식하고 그에 따른 이자율을 받는 거래는 정당하고 합당한 것이니까. 그런데 잘 알지도 못하고 그저 금융회사 직원의 괜찮을 거라는 말 한마디에 투자를 결정한 사람은 정말 어디 가서 하소연할 수도 없다.

동양그룹 사태 외에도 CP에 잘못 투자하여 손실을 보는 선량한 피해자는 종종 있다. 뻔히 기업이 무너질 것을 알고도 일부러 CP를 발행하는 오너나 경영자도 존재한다. 그래서 자신의 돈을 지키기 위해서는 제대로 알아야 한다. 동양그룹 CP 사태의 피해자들이 CP에 대해서 어느 정도 알고 있었다면 아마도 이들 중 상당수는 동양그룹의 CP에 투자하지 않았을 것이다. 물론 동양그룹의 상황을 뻔히 알면서 CP를 발행한 오너일가와 경영진이 가장 많이 비난받아야 마땅하다. 하지만 비난과는 별개로 조금만 더 CP에 대한 지식이 있었다면 피할 수도 있었다는 것은 우리가 왜 금리를 공부해야 하는지 명확하게 설명해준다.

05.

은행,
이렇게 돈 번다

앞서 우리는 금리의 중요성에 관해서 이야기했다. 금리는 개인에게도 매우 중요한 개념이지만 개인만큼이나 금리가 중요한 집단이 하나 더 있다. 바로 '은행'이다.

은행은 우리에게 매우 친숙하다. 주식이나 각종 금융상품을 다루는 증권사의 지점들은 우리에게 익숙하지 않고 잘 가지도 않지만, 은행은 어렸을 때 엄마 손 잡고 저축통장을 만든 경험이 꼭 있을 정도로 매우 친숙하고 편안함을 느끼는 공간이다. 내게 있어 은행이라는 공간의 이미지는 아주 커다란 빌딩에 1층에 자리 잡고, 여름에는 아주 시원하고 겨울에는 따뜻한 공간이었다. 거기서 친절한 사람들이 통장을 만들어주고, 기다리면서 사탕을 먹을 수도 있고, 돈이 아주 많은 곳이며, 경찰 아저씨가 있는 그런 장소였다. 이 글을 읽는 대다수 사람도 아마도 내가 가지고 있는 기억과 크게 다르지 않을 것이다.

은행은 우리에게 굉장히 안전하고 신뢰감이 있으며 돈을 맡기면 이자를 얹어주는 그런 곳이다. 보통 어떤 물건을 맡기면 물건을 맡기는 사람이 보관료의 명목으로 비용을 지급해야 하는데, 은행에서는 내 돈을 맡기는데 오히려 내가 돈을 받는다. 괜히 현금을 집에 보관했다가 도둑이라도 들거나 분실의 위험을 감수할 필요 없이 은행에 맡기면, 은행에서 내 돈을 안전하게 지켜주고 내가 맡긴 돈에다가 이자를 얹어서 나중에 돌려준다. 정말 좋은 곳이다. 비용을 들여서라도 나의 돈을 맡아달라고 해야 할 판인데 돈을 오히려 얹어주니 말이다.

» **은행의 탄생으로 보는 은행이 이자를 주는 이유**

그렇다면 은행에서는 왜 우리의 돈을 맡아주면서, 비용을 받기는커녕 오히려 돈을 얹어주는 것일까? 그 이유를 알기 위해선 근세 은행의 형성과정을 살펴볼 필요가 있다.

오늘날과 유사한 모습을 띠는 근세 은행의 기원은 16세기 영국의 금세공업자로부터 시작되었다. 16세기에는 지금처럼 종이 화폐 같은 게 없었다. '금' 자체를 가지고 물건을 사고팔고 했다. 하지만 금덩이를 직접 들고 물물교환을 하기에는 금덩이의 크기와 무게가 너무 달라 불편했기에 금을 일정한 크기와 무게로 만들어 화폐처럼 사용하였다. 이게 바로 금으로 만든 돈, 즉 '금화金貨'이다. 물론 그

금화를 만드는 사람은 금을 다룰 수 있는 기술을 가진 '금세공업자'
였다.

금세공업자는 어떤 사람이 금을 가지고 오면 일정한 비용을 받
고 그것을 금화로 만들어 주었다. 그렇게 금세공업자가 만든 금화
를 가지고 사람들은 물건을 사고팔았다. 하지만 상공업이 발달하여
거래가 많아지면서 금화 역시 불편이 잇따랐다. 금화도 무게와 크
기의 제약으로 많은 양을 가지고 다니기에는 여전히 불편했고 수많
은 금화를 몸에 지닐 경우 분실이나 강탈의 위험성도 있었다. 그래
서 사람들은 금화를 금고에 보관하기 시작했다. 금과 같은 귀금속
을 보관해주는 사람들을 '골드스미스goldsmith'라고 불렀다. 골드스미
스들은 대부분 금세공업자들이었고 금을 보관하는 금고를 가지고
있었다.

사람들은 금세공업자의 금고에 자신들의 금화를 맡기고 일종의
보관증을 받았다. 예를 들면, 내가 금화 100개를 금세공업자에게
맡기면, 금세공업자는 내게서 일정한 보관료를 받고 금을 보관해주
었고 금을 보관하고 있다는 사실 증명을 위해 보관증을 내게 주었
다. 금세공업자의 입장에서는 보관료에 따른 수익이 증가하니 금의
보관을 마다할 이유가 없었고, 금의 주인들은 무거운 금화를 가지
고 다닐 필요가 없고 안전하게 보관할 수 있으니 모두가 윈윈 할 수
있는 현명한 선택이었다.

시간이 지나면서 금을 맡기고 금 보관증을 받는 거래는 더욱더

활발해졌고 사람들은 이제 금이 아닌 금 보관증을 가지고 물건을 사고팔기 시작했다. 금 보관증을 가지고 오면 금세공업자들은 보관증에 기록된 만큼의 금을 언제든지 돌려주었기에 사람들은 이를 신뢰하고 보관증을 가지고 거래를 하기 시작한 것이다. 사실상 금 보관증이 오늘날의 어음 역할을 하게 된 것이다.

이런 거래를 가만히 지켜보던 금세공업자들은 3가지 중요한 사항을 깨닫게 된다.

① 보관증 일부는 금화·귀금속에 의해 환급 청구를 받는 일이 거의 없다.
② 나머지 보관증은 환급 청구가 있다 하더라도 모두가 동시에 환급을 청구하는 일은 없다.
③ 보관증이 금화·귀금속으로 환급되더라도 동시에 다른 한편에서는 보관증의 발행과 상환으로 새로운 금화·귀금속이 보관된다.

이 3가지 사항을 좀 더 요약해보면, 어떤 사람이 100돈의 금을 자신에게 맡겨도 100돈을 모두 찾으러 오는 일은 없다는 것이다. 만에 하나 100돈을 모두 상환하게 되는 일이 생기더라도 그 100돈은 또다시 다른 사람에 의해서 다시 맡겨질 가능성이 높다는 것이다. 즉, 보관증은 사람들 사이에서 수없이 교환되지만 보관증이 가리키는 실제 금은 금세공업자 자신의 금고에 가만히 있다는 사실을 알게 된 것이다.

금화가 자신의 금고에 잠자고 있다는 사실을 알게 된 금세공업자는 그 금화의 일부를 돈이 필요한 사람들에게 빌려주는 일을 하기 시작했다. 어차피 모든 사람이 자신에게 맡긴 금화를 동시에 찾으러 오는 일은 거의 없었기 때문에 자신의 금고에 있는 다른 사람의 금화를 금화 소유자들 몰래 빌려주기 시작한 것이다. 물론, 금화를 빌려줄 때는 돈을 빌려주는 일정한 대가를 받았고 금세공업자들은 이를 통해 부를 축적해나가기 시작했다. 오늘날로 치면 대출과 같은 행위인 셈이다.

금세공업자의 재산이 점점 늘어나자 일부 금 소유자들이 자신들이 맡긴 금으로 금세공업자들이 돈을 벌고 있다는 것을 눈치채기 시작했고 금 소유자들의 불만이 생기기 시작했다. 그러자 금세공업자는 다른 사람에게 빌려주고 받는 대가의 일부를 금 소유자들에게 나눠주기로 약속했다. 즉 대출이자로부터 얻는 수익의 일부를 줄 테니 금을 찾지 말아 달라고 부탁한 것이다. 이때부터 금 소유자들은 자신들의 금을 맡기고 돈을 받기 시작했다. 오늘날로 치면 예금에 대한 이자를 받는 것과 같다.

» 은행의 수익구조, 예대마진

금세공업자의 사업을 가만히 살펴보면, 오늘날 우리가 만나는 은행업과 매우 비슷하다. 16세기 금세공업자들은 금 소유자들로부터 금을 받아서, 그 금을 돈이 필요한 사람에게 빌려준다. 돈이 필요했던 사람은 그 대가로 대출이자를 금세공업자에게 주고, 금세공업자는 그렇게 생긴 대출이자수익 일부를 금 소유자에게 나눠준다. 오늘날의 은행 역시 이런 수익구조로 되어 있다. 예금주로부터 예금을 받은 뒤, 그 예금을 바탕으로 돈이 필요한 사람에게 대출해준다. 대출이자수익 일부를 예금주에게 나눠주고 나머지는 은행의 수익이 된다.

이런 예금이자와 대출이자의 차이를 바탕으로 수익을 창출하는 것을 '예대마진'이라고 부른다. 예대마진을 간단하게 수식으로 표현해보면 이렇게 표현된다.

대출이자 - 예금이자 = 예대마진

예대마진은 은행의 주 수익원이므로 예금금리와 대출금리는 은행에 있어 매우 중요할 수밖에 없다. 예금이자를 지나치게 낮추면 예금주를 다른 은행에 빼앗기게 되고, 대출이자를 지나치게 높이면 아무도 그 은행에서 대출을 받지 않을 것이다. 대출이자를 얼마로 설정하고, 예금이자를 얼마로 설정하는가가 은행에서는 매우 중요한 경영판단이다.

중요한 것은 은행이 어떻게 돈을 버는가이다. 우리가 은행의 비즈니스 구조를 통해서 배워야 할 것은 금리를 이용해서 수익을 창출하는 원리다. 금리로 돈을 버는 은행은 대출이자와 예금이자의 차이를 이용해 돈을 번다. 바로 여기에 금리로 돈을 버는 핵심 원리가 담겨 있다. 우리는 은행이 아니기에 대출이자와 예금이자의 차이를 이용한 예대마진을 취할 순 없지만, 대출이자를 잘 이용하면 우리에게도 마진을 일으킬 방법이 생긴다. 은행이 예금과 대출의 금리 차이를 통해서 수익을 취한다면 우리가 취해야 할 수익 공식은 다음과 같다.

현금 유입 - 대출이자(현금 유출) = 수익

한 달에 지급해야 하는 대출이자보다 더 많은 현금 흐름을 창출할 수 있으면 과감히 그 대출이자를 이용할 줄 알아야 한다. 은행이 우리에게 예금을 유치하고 그 예금을 바탕으로 대출을 일으켜 수익을 창출하듯이, 우리 역시도 은행으로부터 자본을 유치해서 그 자본을 바탕으로 투자를 일으켜 수익을 창출해야 한다. 투자는 바로 여기서부터 시작한다. 주식이냐, 부동산이냐, 펀드냐, 보험이냐 등의 문제는 그 이후의 선택 문제다.

저성장·저금리 시대를 살아가는 우리는 이제 단순히 예금만 해서는 자본을 축적할 수 없음을 알고 인정해야 한다. 그 사실을 인정했을 때 우리는 그다음으로 넘어갈 수 있다. 예금이 아니면 이제 무엇을 어떻게 할 것인가? 금리를 기준으로 한 투자를 해야 한다. 주식 투자는 패가망신의 지름길이고 부동산은 투기라는 생각은 버려야만 한다. 이미 은행을 비롯한 모든 경쟁력 있는 기업은 이 공식을 가지고 수익을 창출하고 있다.

06.
통장의 돈이
늘어도 느는 게 아니다!?

우리는 인플레이션 시대에 살고 있다. 인플레이션이란, '통화량의 증가로 화폐가치가 하락하고, 모든 상품의 가격이 전반적으로 꾸준히 오르는 경제 현상'을 의미하는데, 사회에 풀린 화폐의 양이 증가하면서 화폐가치가 떨어지게 되고, 그 결과 재화의 가격이 상승하게 된다는 이야기다. 좀 더 쉽게 이야기해보자.

섬나라가 하나 있다. 이 섬나라는 외국과의 교류가 완전히 단절되어서 어떠한 무역이나 자본의 유출입도 일어나지 않는다. 이 섬나라에서 발행된 화폐의 총 양은 100만 원이고, 섬나라 사람들의 주요 식량인 감자생산량도 100개라고 가정해보자. 섬나라 사람들은 감자 1개를 1만 원씩 주고 있다. 그런데 어느 날 먼 바닷가에서 가방이 하나 떠내려왔는데 그 가방 안에 돈이 100만 원이 들어있었다. 이제, 이 섬나라에 발행된 화폐의 양은 총 200만 원이 된 것이다.

물론 감자의 생산량은 변함이 없으므로 감자는 여전히 100개다. 그러면 이때 감자 1개의 가격은 여전히 1만 원에 거래가 될까? 아마도 감자 1개의 가격은 2만 원에 거래되기 시작할 것이다. 시중에 풀린 돈의 양이 2배 늘어나면서 화폐의 가치가 그만큼 떨어졌기 때문이다. 이것을 인플레이션이라고 한다.

통화량이 많아지면 많아질수록 화폐가치가 떨어지는 것은 당연한 현상이다. 화폐가 교환기능을 가지고 있기 때문이다. 실제로 한국은행이 발표한 통계자료를 보면 소비자물가지수는 꾸준히 상승하고 있다. "남편 월급하고 아이 성적 빼고 다 오른다"던 우리 어머님들의 푸념은 괜한 엄살이 아니라 이런 인플레이션 현상을 두고 하는 말이었다.

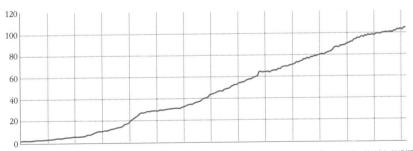

소비자물가지수, 2015년 100 기준 (출처 : 한국은행)

» **지금 1억으로 할 수 있는 게 100가지라면,**
  10년 후엔 1억으로 할 수 있는 게 몇 가지나 될까

매년 정부는 물가상승을 억제하기 위해 여러 가지 정책을 쓰는 것 같지만 사실은 물가를 하락시키는 것이 아니라 안정시키기 위해 노력한다. 그 이유는 자본주의 사회는 인플레이션을 통해 지속해서 성장을 하기 때문이다.

다시 섬나라 이야기를 해보자. 이 섬의 중앙은행이 화폐를 총 100만 원어치 발행했다. 그런데 이 돈 100만 원을 이 섬나라의 국민 A가 몽땅 대출했다. 대출원금은 100만 원이고, 이자는 10만 원이다. A는 은행에 110만 원을 갚아야 하는데 이는 물리적으로 불가능하다는 것을 알 수 있다. 중앙은행이 애초에 100만 원만 화폐를 발행했기 때문에 섬나라 전체에 110만 원이라는 돈은 없기 때문이다. 즉 A는 이자를 낼 수가 없는 상황이다. 결국 중앙은행에서 추가적으로 돈을 발행해야 A는 원금과 이자를 갚을 수 있게 되고 섬나라의 사회도 원활하게 돌아간다.

이처럼 자본주의 사회에서 화폐의 양은 지속적으로 증가해야 한다. 그래야 사람들은 돈을 빌리고 그 돈을 이자까지 갚을 수 있기 때문이다. 문제는 이렇게 늘어만 가는 화폐의 양에 있다. 교환기능을 지닌 화폐의 기능은 그 양이 많아지면 자연스럽게 가치가 떨어진다. 짐바브웨의 화폐 거래가 수조에 이르는 것은 모두 화폐의 가치가 하락했기 때문에 발생한 일이다. 물론 이 사례는 특수한 경우이

긴 하지만, 우리 정부도 꾸준히 화폐를 발행하고 있다. 즉 인플레이션은 우리 사회에서 필연적으로 일어날 수밖에 없다.

그렇다면 우리는 화폐가치에 대해 생각해야만 한다. 지금 우리가 가진 1억 원으로 할 수 있는 것이 100가지라면 과연 10년 뒤에는 몇 가지나 할 수 있을까? 내가 어렸을 때 100원을 가지면 아이스크림, 반지캔디, 새콤한 맛 달콤한 맛이 나는 캐러멜을 사 먹을 수 있었다. 그런데 지금은 어떤가. 100원으로 살 수 있는 것은 아무것도 없다. 그만큼 물가가 많이 오른 것이다.

» 물가상승률이 금리보다 높으면 어떻게 될까

지금은 저금리 시대다. 예금금리가 1%대 수준이다. 그런데 2017년 소비자물가상승률은 1.9%였다. 예금금리가 물가상승률보다 낮은 상황이 온 것이다. 금리가 물가상승률보다 낮다는 것은 대체 어떤 의미일까? 이해를 돕기 위해 예금금리는 1%, 소비자물가상승률은 2%라고 해보자. 나는 100만 원을 가지고 2가지 선택을 할 수 있다.

① 100만 원을 은행에 가져가 저금을 해놓거나
② 100만 원어치 필요한 생필품 A를 100개 사 놓을 수 있다.

100만 원을 예금해놓으면 1년 뒤에 이자 1%를 포함해서 101만 원을 받게 될 것이다. 그러나 생필품 A를 100개 사놓는다면 이 생필품의 가격은 1년 뒤에 102만 원이 되어있을 것이다. 표면적으로는 은행에 예금해놓은 것도 1만 원을 번 것처럼 보이지만, 사실상 돈의 가치는 1만 원만큼 떨어져 있는 것이다. 1년 후에 101만 원의 예금을 찾아서는 102만 원이 된 생필품을 살 수 없게 되었기 때문이다.

이처럼 물가상승률이 금리보다 높으면 화폐 가치하락으로 실질 구매력이 떨어지는 결과를 맞게 된다. 내 돈의 가치가 떨어진 것이다. 다시 말해 손실을 본 것이다. 따라서 화폐 가치하락으로 인한 손실을 피하려고 우리는 투자를 해야 한다. 주식이든, 부동산이든, 원자재든 돈을 돈으로 가지고 있으면 인플레이션 위험을 피하기 어렵다. 특히 요즘 같은 저금리 시대에는 더더욱 그렇다. 그래서 우리는 저축보다는 투자에 비중을 좀 더 두어야 한다. 이를 인플레이션 헤지Inflation hedge라고 한다.

07.
가난한 사람의 현금흐름
VS 부자의 현금흐름

부자와 가난한 사람의 차이는 어디에서 비롯되는 것일까? 출신 대학교? 직업? 개인 능력? 사람마다 모두 생각이 다를 것이다. 출신 대학교에 따라 부자와 가난한 사람이 결정된다고 생각하는 사람들은 좋은 대학교에 가기 위해 노력할 것이고, 직업에 따라 결정된다고 믿는 사람은 좋은 직업을 구하기 위해 노력할 것이다. 하지만 좋은 대학교를 나온 사람도, 직업이 좋은 사람도 파산하는 것을 보면 좋은 대학교를 나오고 좋은 직업이 있다고 해서 반드시 부자가 되는 것은 아닌 것 같다. 실제로 우리 주변에는 좋은 대학교를 나오지 못했음에도 어마어마한 부를 일군 사람이 있고, 사람들이 별로 좋지 않다고 생각되는 직업을 가지고도 경제적 자유를 이룬 사람이 있다.

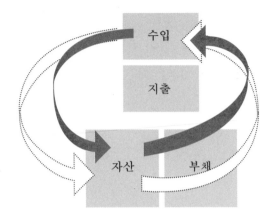

부자의 현금흐름

» 부자와 가난한 사람의 차이, 현금흐름

　세계적인 베스트셀러《부자 아빠 가난한 아빠》의 저자 로버트 기요사키는 부자와 가난한 사람의 차이는 '현금흐름'에서 비롯된다고 이야기한다. 현금흐름의 차이가 부의 차이를 가져온다는 것이다. 그렇다면 대체 부자와 가난한 사람의 현금흐름은 어떻게 다르다는 것일까?

　일단 부자의 현금흐름을 살펴보자. 부자는 일단 자산을 산다. 여기서 자산이란 내 주머니로 현금을 가져다주는 것들이다. 내가 이것을 샀을 때 내 주머니로 현금을 가져다주는 것은 무엇이 됐든 간에 자산이 된다. 부자는 자신이 번 돈으로 이런 자산을 계속 산다. 자산이 늘어나면 늘어날수록 주머니로 들어오는 현금은 많아지고

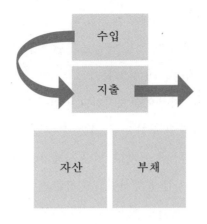

가난한 사람의 현금흐름

그렇게 부자는 더욱더 부자가 된다.

　이번에는 가난한 사람의 현금흐름이다. 가난한 사람은 지출을 한다. 번 돈을 그대로 써버리는 것이다. 그러니 자산을 살 수가 없다. 하루하루 들어오는 돈을 다 써버리기 때문에 내가 당장 돈을 벌지 않으면 소득이 없다. 그래서 날마다 일을 열심히 하지만 형편은 나아지지 않는다.

　그렇다면 부자도 아니고 가난한 사람도 아닌 중산층 사람들은 어떨까? 이들은 어떤 현금흐름을 가지고 있을까. 로버트 기요사키는 중산층의 현금흐름에 대해 "부채를 자산으로 알고 산다"고 말한다. 자산은 앞서 말했듯이 내 주머니로 현금을 가져다주는 것을 의미하고, 부채는 내 주머니에서 현금을 빼가는 것을 말한다. 즉 중산층 사람들은 자신이 버는 돈을 가지고 무언가를 사긴 사는데 그게 자산이 아니라 부채라는 이야기다.

중산층 사람들이 자산으로 착각하고 구입하는 부채들은 어떤 것들이 있을까? 대표적인 것이 자동차다. 자동차는 많은 사람이 자산으로 생각하지만, 사실은 부채다. 일단 자동차를 사게 되면 세금을 내야 한다. 또 자동차를 운행하면서 기름값과 유지비가 들어가고, 시간이 지나면 감가상각도 발생한다. 내 주머니에서 계속 돈을 빼간다. 그래서 자동차는 자산이 아니다. 부채다. 중산층은 이 자동차처럼 부채를 자산으로 착각하고, 부채를 사서 모으고 있기 때문에 부자가 되지 못한다.

» **현금흐름 차이가 우리에게 알려주는 것**

결국 우리는 이 현금흐름에서 2가지 사실을 깨달아야 한다. 하나는 돈이 들어오는 다양한 파이프라인을 만들어야 한다는 사실이고 또 다른 하나는 번 돈이 중요한 게 아니라 남는 돈이 중요하다는 사실이다.

부자의 현금흐름에서 우리가 눈여겨보아야 하는 것은 자산을 통한 추가수입이다. 이 수입은 내가 일을 하지 않아도 돈을 가져다주는 불로소득이기 때문에 시간이 벌어다 주는 돈이다. 부자는 시간이 지남에 따라 이런 자산들이 하나둘 늘어나고, 결국 느는 자산만큼이나 소득의 크기는 점점 커지면서 가난한 사람과 빈부격차가 커진다. 노동으로 벌어들이는 소득에는 한계가 있지만, 자산으로 벌어들이는 소득에는 한계가 없기 때문에 그 격차는 점점 더 커진다.

두 번째로 살펴보아야 하는 것은 번 돈보다 중요한 것이 남는 돈이라는 것이다. 부자와 중산층, 가난한 사람들을 이야기할 때 로버트 기요사키는 소득의 크기에 관해서 이야기 하지 않았다. 부자는 급여가 얼마이고, 가난한 사람은 급여가 얼마인지에 대해 이야기하지 않았다. 이는 급여가 얼마가 됐든 간에 부자가 되고 안 되고는 버는 돈에 달린 것이 아니라 남는 돈에 달렸다는 것을 의미한다.

결국 부자가 되기 위해서는 내가 일하지 않아도 소득을 가져다주는 시스템을 만들어야 한다. 그러기 위해서 일정한 급여가 있을 때 이것을 가지고 자산을 사서 모으는 것이다. 그리고 마침내 그 자산에서 오는 소득이 노동소득을 넘어서기 시작할 때, 일하지 않아도 되는 경제적 자유의 길로 들어서게 된다.

제5부

주식으로
돈 벌기

01.

주식,
뭘까?

　주식투자를 하든 하지 않든, 주식투자에 대한 이야기는 많이 들어보았을 것이다. 매일 아침 뉴스에 빠지지 않고 나오는 소식 중 하나가 주식에 대한 소식인 만큼 주식은 우리 삶과 매우 밀접한 관련이 있다는 것을 알 수 있다. 이토록 주식은 우리 삶에 가까이 있지만, 막상 주식에 관해 물어보면 잘 모르는 게 우리의 현실이다.

　시중에 수없이 많이 나와 있는 주식투자에 대한 책을 보더라도 투자 방법에 대해 이야기 하고 있을 뿐, 정작 주식이 무엇인지에 대한 설명을 하는 책은 만나보기 어렵다. 아마 주식을 돈을 버는 투자 수단으로만 바라보기 때문에 그럴 것이다. 하지만 여기서는 주식투자에 대한 이야기 이전에 주식에 대한 정확한 개념을 짚고 넘어가려고 한다. 주식에 대한 올바른 개념이 정립되어야지 투기가 아닌 투자를 할 수 있으며, 주식투자에 대한 부정적인 시선과 편견을 바꿀 수 있기 때문이다.

» 세계 최초의 주식회사, 동인도 회사

주식에 대한 개념을 정립하려면, 주식회사의 역사를 살펴보는 것이 좋다. 세계 최초의 주식회사는 1602년으로 거슬러 올라간다. 당시는 유럽 강대국들이 동양의 국가들로부터 후추·커피·사탕·면직물 등을 수입하여 막대한 무역수익을 올리던 시대였다. 유럽의 국가는 아시아 국가와 교역을 하기 위해 육로와 해로라는 두 가지 방법을 이용할 수 있었는데, 육로를 이용할 경우 많은 국가를 거치게 되어 이익의 상당 부분을 통행세로 지출해야 했다. 그래서 네덜란드를 비롯한 많은 국가가 해상무역로를 개척하기 시작했고 여기서 주식회사의 개념이 탄생하였다.

해상무역로를 이용해 교역을 하게 되면, 통행세를 내지 않아도 된다는 점은 좋았지만 수많은 위험을 감수해야 했다. 막대한 비용을 들여서 커다란 배를 만드는 것을 시작으로, 높은 파도를 만나 배가 뒤집히거나 해적을 만나 물자를 약탈당할 가능성까지 있었다. 통행세를 부담하지 않기 때문에 성공만 한다면 커다란 이익을 남길 수 있었지만, 만에 하나 뜻하지 않은 사고를 당한다면 그에 대한 손실 역시 어마어마했다. 이러한 위험을 분산시킬 수 있는 방법의 하나가 바로 동업이었다.

사람 한 명이 물건을 실을 배, 항해에 나갈 사람, 교역하는데 필요한 자본을 모두 감당하기는 쉽지 않은 일이다. 설령 자금을 모두 마련한다고 하더라도 배가 가라앉기라도 한다면 한 번의 사고로 모든 것을 잃게 되어 위험이 너무 크다. 하지만 100명, 1,000명이 이 무역에 필요한 자금을 대고 대신에 무역에 대한 이익을 나눈다면, 안전하게 높은 이익을 얻을 수 있다. 충분한 자금을 가지고 높은 파도에도 쉽게 뒤집히지 않는 배를 만들고, 배의 선원도 일반인이 아닌 언제든지 해적과의 전투가 가능한 숙련된 용사를 고용한다면 무역의 위험을 상당 부분 줄일 수 있기 때문이다. 그리고 그렇게 발생한 이익을 각자가 투자한 금액에 비례하여 나눠준다면 모두가 이익을 볼 수 있는 훌륭한 거래가 된다. 이때 이익을 나누기 위해서 돈을 지원한 사람에게 투자한 금액에 대한 소유권을 나타낸 증서를 주었는데 그 증서가 바로 주식의 시초가 된다.

현대적인 이야기로 바꾸면 다음과 같이 설명할 수 있다. 친구 A가 카페를 하나 해보겠다고 말을 한다. 그런데 위치가 좋고, 내부 인테리어를 고급화하려다 보니 총 2억 원의 자본금이 필요하다고 말한다. A가 가진 돈은 현재 1억 원밖에 없어서 1억 원이 추가로 필요한 상황인데 나에게 투자할 의사가 없냐고 묻는다. 내가 1억 원을 투자하게 되면 카페를 창업하는데 필요한 자금을 50%를 댄 것이므로, 나는 카페의 소유권 50%를 달라고 요구할 수 있다. 그리고 이 소유권을 증명할 수는 있는 서류를 하나 작성해달라고 한다. 이 서류를 가지고 있는 것이 바로 우리가 주식을 소유한 것과 같다. 이때 카페의 소유권 50%가 나에게 있으므로, 나는 이 카페에서 창출되는 수익을 나누어 가질 권리가 있으며, 카페의 중요한 의사결정에 참여할 수 있는 자격이 주어진다. 이게 현대사회의 주식이다.

» 주식을 갖는다는 것은 기업을 소유하는 것

여기서 주식의 개념을 이야기할 때 강조해서 이야기하고 싶은 것은 주식을 소유한다는 것은 그 기업을 소유하는 것과 같다는 것이다. 앞서 살펴보았듯 동인도회사나 친구 A의 카페 사례 모두 투자를 해서 그 투자한 금액만큼의 소유권을 얻고 그 소유권에 비례해서 수익을 나누어 갖는다.

이러한 소유권의 의미를 강조하는 이유는 주식을 하다 보면 기업을 소유한다는 생각이 사라지고 주식의 가격만 가지고 투자 여부를 결정하게 되기 때문이다. 그러면 어느 순간부터 주식투자가 정말 투기가 된다. 어제보다 주가가 많이 빠졌다는 이유로 주식을 사고팔게 되는데, 이는 숫자가 오를지 내릴지를 두고 도박을 하는 것과 같다.

주식을 보유하는 것이 그 기업의 소유권을 갖는다는 것에 동의한다면 주식투자를 한다는 것은 동업을 한다는 것에 공감할 것이다. 이런 마음을 가지고 투자에 나서면 오늘 주가가 오르고, 내일 주가가 내리는 것에 일희일비하는 마음을 붙잡아 둘 수 있다. 주가는 매일 변하지만, 그 기업의 가치는 하루아침에 변하지 않기 때문이다.

"

내가 삼성전자의 주식을 산
다면 나는 삼성전자의 사업
에 참여해 이익과 위험을 함
께 나누는 동업자가 되는 것
이고, 내가 현대자동차의 주
식을 산다면 현대자동차와
동업을 한다는 의미다.

"

주식을 발행하는 기업 VS 주식을 발행하지 않는 기업

이번에는 주식을 발행하는 기업의 처지에서 생각을 해보자. 도대체 왜 기업에서는 주식을 발행하는 것일까? 내 자금으로만 사업을 하면 그 사업에서 발생하는 이익을 독점할 수 있는데, 괜히 투자를 받아서 이익을 나눌 이유가 있을까? 이 부분은 이제 기업에 따라 판단이 달라지는 부분이다. 실제로 돈을 잘 벌고 있고 현금이 많은 기업의 경우 일부러 주식시장에 자신들의 기업을 상장하지 않는 경우도 있다.

기업을 주식시장에 공개 상장할 경우, 소유지분만큼 이익을 나눠야 하는 것은 물론이고 경영권이라든지 투명하게 정보를 공개해야 하는 의무 등이 따르기 때문이다. 하지만 이러한 책임과 의무만큼 주식시장에 기업을 상장하면 좋은 점이 많다. 주식을 발행하여 자본금을 늘릴 수 있으므로 이 돈을 가지고 기업을 성장시킬 수 있다. 주식을 발행하여 유치한 신규 투자금을 가지고 새로운 사업에 진출하거나, 기존의 사업을 확장하는데 사용할 수 있는 것이다.

예를 들어 내 돈만 가지고는 한 달에 자동차를 10대 만들 수 있는 공장을 지을 수 있고, 주식을 발행하여 자본을 유치하면 1,000대 만들 수 있는 공장을 지을 수 있다고 해보자. 자동차 10대를 만들어 팔아서 수익금 1억 원이 발생한다면, 1,000대를 생산하면 수익금이 100억 원이 된다. 여기서 내가 100억 원의 수익 10%만 가져가도

10억 원이라는 큰돈을 벌 수 있다. 내 돈만 가지고 사업을 했을 때와 비교해서 10배의 수익을 더 가져갈 수 있다. 우리나라를 대표하는 기업들도 이처럼 자신들의 기업을 주식시장에 상장하여 단기간에 세계적인 기업으로 성장할 수 있었다. 이처럼 주식은 투자자와 기업 모두에게 좋은 제도가 될 수 있다.

주식은 이처럼 사회를 발전시키고 인류를 풍요롭게 만들 수 있는 좋은 제도다. 그래서 나는 주식투자를 하루라도 빨리 시작할 것을 권한다. 주식투자를 한다면 인류를 한 단계 발전시킬 수 있는 기업을 찾아서 성장에 기여할 수 있을 뿐만 아니라, 투자자에게도 큰 수익을 가져다줄 수 있는 좋은 제도이기 때문이다.

그러나 주식투자를 하라는 말을 친구에게 하면, 하나같이 모두 부정적인 반응을 보인다. 주식투자 자체를 투기로 보아 주식투자 자체를 좋지 않게 생각한다. 하지만 주식투자가 정말 투기일까? 아니다. 단지, 주식투자를 투기처럼 하는 사람이 존재할 뿐이다. 주식에 대한 올바른 개념을 가지고 있다면, 주식이 투기라는 생각에서 벗어나 "어떻게 하면 좋은 기업과 동업 할 수 있을까?"라는 질문을 하게 될 것이다.

02.

왜
주식투자인가?

왜 주식투자인가? 사실 투자를 하기로 한다면 우리에게 주어진 선택지는 생각보다 많다. 주식, 부동산, 채권, P2P, 원자재, 가상화폐 등등이 있다. 각 투자마다 각기 다른 특성이 있고, 자신의 성향과 맞는 투자가 따로 있기 때문에 모두 공부를 하는 것이 중요하지만 여기서는 주식에 대한 이야기를 해보고자 한다.

주식투자를 하는 데는 다양한 이유가 있고, 투자자마다 각기 다른 투자스타일로 천차만별의 성과를 내고 있다. 누군가는 주식투자로 어마어마한 돈을 벌었고, 또 누군가는 많은 돈을 잃기도 했다. 그러니 주식투자를 하면 무조건 망한다는 편견은 가지지 않았으면 좋겠다.

주식은 하루에도 변동 폭이 최대 60%(-30% ~ +30%)까지 일어날 수 있기 때문에 위험성이 큰 투자인 것은 분명하다. 이러한 위험성

순위	이름	자산	소속	국적
1	제프 베조스	1120	아마존	미국
2	빌 게이츠	900	MS	미국
3	워런 버핏	840	버크셔해서웨이	미국
4	베르나르 아르노	720	LVMH그룹	프랑스
5	마크 저커버그	710	페이스북	미국
:		:	:	:
61	이건희	186	삼성	한국
126	서정진	119	셀트리온	한국
207	이재용	74	삼성	한국
222	서경배	71	아모레퍼시픽	한국
305	권혁빈	58	스마일게이트	한국
404	정몽구	49	현대차	한국

(단위: 억 달러)

포브스 선정 2018년 억만장자 (출처: 이투데이)

때문에 많은 사람이 주식투자를 꺼린다. 그럼에도 불구하고 나는 주식투자를 해야 한다고 이야기하고 싶다.

» **자본주의 사회에서 돈은 결국 기업가가 번다**

돈을 벌고 싶다면, 돈을 번 사람을 살펴봐야 돈 버는 방법을 알 수 있다. 전 세계적으로 막대한 부를 축적한 사람들을 떠올려보자. 빌 게이츠, 마크 저커버그, 제프 베조스, 마윈 등. 이들의 공통점은 모두 기업을 만들어 막대한 부를 쌓았다는 것이다. 세계 부자 순위

10위를 살펴보아도 기업가가 아닌 사람은 없다. 자본주의 사회에서 부자가 되려면 기업을 세워서 탁월한 성과를 내면 된다.

그런데 한 가지 문제가 있다. 기업을 세운다는 것이 말처럼 쉬운 일이 아니라는 것이다. 또 그렇게 세운 기업을 탁월한 성과를 내게 하는 것은 더더욱 아무나 할 수 있는 일이 아니다. 하지만 내가 직접 기업을 세우지 않아도 괜찮다. 자본주의 사회에서는 내가 기업을 세우지 않아도 기업의 소유권을 살 수 있다. 바로 주식거래를 통해서 말이다.

따라서 나는 돈을 가지고 내가 마음에 드는, 미래가 유망해 보이는 기업의 주식을 사면 된다. 그러면 나는 그 기업의 주인으로서 그 기업의 다른 주주(주식의 소유자)들과 동업을 하는 효과를 얻을 수 있다. 내가 소유한 기업의 성과가 탁월하다면, 그 기업의 주가는 상승하고 나의 주식 가치가 올라가면서 경영활동에 직접 참여하지 않고도 그 기업의 이익을 누릴 수 있다.

» **적은 돈으로 잘 아는 기업에 자유롭게 투자할 수 있다**

주식투자는 소액으로 가능하다. 1천 원도 안 되는 주식도 있기 때문에 언제든지 계좌를 개설하면 된다. 5천 원이 있으면 5천 원으로 투자를 시작할 수 있고, 1만 원을 가지고 있으면 1만 원으로 투자할 수 있다. 즉 투자에 대한 진입장벽이 높지 않다.

그뿐만 아니라 기업은 우리 삶 속에 아주 밀접하게 존재한다. 물,

과자, 빵, 스마트폰, 옷, 집, 노래, 웹사이트 등 우리가 누리고 있는 모든 것이 기업이 제공하는 상품이며 서비스다. 우리는 기업이 제공하는 상품과 서비스의 소비자로서 어떤 기업의 상품이 좋고, 어떤 기업의 서비스가 나쁜지를 누구보다 잘 판단할 수 있다.

이는 우리가 단순히 소비자에 머물지 않고 투자자가 된다면 굉장히 유리한 장점이 된다. 우리의 생활 속에서 우리 삶을 획기적으로 변화시키고 사람들의 사랑을 많이 받을 수 있는 상품과 서비스를 만들어내는 기업을 찾아 투자한다면, 우리는 투자에서 좋은 결과를 낼 수 있기 때문이다.

» **주식에 대한 편견을 버리자**

이 외에도 주식투자를 해야 하는 수많은 이유가 존재하겠지만, 모든 투자의 근본적인 이유는 같다. 돈을 벌기 위해서다. 예금으로는 더 이상 안 되겠다는 생각이 투자에 대한 필요를 일으키고, 그런 필요가 주식을 포함한 다양한 투자수단으로 눈을 돌리게 만든다.

물론 수익이 있는 곳에는 늘 위험이 존재하기에 투자하는 모두가 돈을 버는 것은 아니지만 생각보다 많은 사람들이 괜찮은 성과를 내고 있다. 그러니 너무 편견에 갇혀있지 말자. 자신에게 맞는 투자수단을 찾아 끊임없이 공부하여 탁월한 성과를 내고자 노력해야 한다. 그 투자수단이 누군가에게는 주식이 될 수도 있고 다른 누군가에게는 부동산이 될 수도 있을 것이다. 본인에게 맞는 투자 수단을 찾자. 예금만으로 충분히 자신이 원하는 삶을 살기는 어렵다는 판단이 들면 말이다.

물론 이 글은 주식투자에 대한 부정적인 편견을 걷어내고자 긍정적인 부분을 강조하여 썼다. 실제 주식시장에는 기업의 모럴해저드(도덕적 해이), 분식회계(회계 장부를 고의로 조작하는 행위), 작전세력(주가 형성에 인위적으로 개입하는 사람들), 시장리스크 등 다양한 위험이 존재한다. 하지만 그런 위험들의 존재 자체가 주식투자를 무조건적으로 거부하는 이유가 되어서는 안 된다. 이런 위험들을 줄이고 수익을 극대화할 방법과 전략을 공부하는 게 바람직한 방향이다.

주식투자, 대체 이 '주식투자'라는 게 무엇인지 최소한의 공부를 해보자. 누군가는 주식투자로 평범한 사람이 평생을 벌어도 못 벌 돈을 벌었다. 이 정도면 한 번쯤은 충분히 관심을 가져볼 만한 이유가 되지 않을까?

03.
가치보다 가격이 쌀 때 사라
– 워런 버핏

주식투자를 하는 사람이라면 누구나 알고 있는 사람이 있다. 바로 워런 버핏이다. 2017년 빌 게이츠에 이어 세계 부호 순위 2위를 차지하고 있으며, 그와 점심을 먹기 위해서 수백만 달러를 지불하는 사람도 있다. 도대체 무엇이 워런 버핏을 세계적인 부자로 만들고, 사람들은 그와 점심을 먹기 위해 수백만 달러를 기꺼이 지불하는 걸까? 아마도 그의 투자철학 때문일 것이다.

우리는 수백만 달러를 지불해서 그와 만날 수는 없지만, 그가 주주총회를 통해서 하는 말과 언론과의 인터뷰는 볼 수 있다. 그리고 그런 그의 말들을 통해서 우리는 그의 투자철학을 배우고 짐작해볼 수 있다. 도대체 워런 버핏은 어떤 투자철학을 가지고 주식투자를 하는 것일까? 그가 남긴 유명한 투자 격언을 보면 그의 투자철학을 엿볼 수 있다. 같이 한번 살펴보자.

워런 버핏은 가치투자자로 유명한 투자자다. 가치투자라는 것은 기업의 가격이 어떠한 이유로 인해서 가치보다 더 낮게 형성될 경우 주식을 사는 것이다. 가치보다 저렴하게 기업을 사서, 가격이 다시 가치만큼 혹은 가치 그 이상으로 올라가면 그때 주식을 팔아 차익을 실현하는 것이다.

예를 들면, 에어컨을 파는 기업을 떠올려보자. 이 기업에서 판매하는 에어컨의 가치는 100만 원이다. 그해 여름, 유난히 무더운 더위 탓에 에어컨을 사는 사람이 많았고, 공장에서는 생산물량이 부족했다. 에어컨을 판매하는 기업은 이때를 놓칠세라 에어컨 가격을 올려서 평소보다 비싼 200만 원에 에어컨을 모두 팔았다. 그런데 문제는 겨울이었다. 무더운 여름만큼이나 혹독하게 추운 겨울이 오자 아무도 밖으로 나가지 않았다. 원래도 겨울은 에어컨 비수기였지만 사람들이 외출 자체를 하지 않으니 그 어떤 겨울보다 에어컨 판매량이 낮았다.

에어컨이 창고에 계속 쌓여갔지만, 에어컨 공장 가동을 멈출 수는 없었다. 공장의 유지비와 인건비는 계속해서 나가기 때문이다. 그래서 에어컨을 파는 기업이 겨울철 특별할인행사를 하기로 했다. 생산된 에어컨을 창고에 쌓아두고 공장을 놀리느니, 재고라도 소진하여 비용을 조금이나마 줄여보겠다는 생각을 한 것이다.

이에 맞춰 에어컨 판매가격은 60만 원으로 매겼다. 에어컨의 원래 가치인 100만 원보다 더 저렴한 가격이었다. 현명한 소비자들은 겨울이 지나 다시 여름이 오면 에어컨을 찾는 사람들이 늘어나면서 가격이 다시 오를 것을 알고 있다. 그래서 겨울에 에어컨을 산다. 하지만 현명하지 못한 소비자는 너무나 추운 겨울을 보내고 있는 나머지, 무더운 여름을 생각하지 못한다. 여름이 영원히 오지 않을 것으로 생각한다. 그리고 무더운 여름이 오고서야 다시 덥다면서 비싼 값에 에어컨을 구입한다. 현명한 소비자들은 여름에 최소한 200만 원을 주고 사야 할 에어컨을 겨울에 60만 원을 주고 샀으니 140만 원을 번 것이다. 여기서 현명한 소비자의 모습이 바로 워런 버핏의 모습과 닮아있다.

가격은 이렇게 늘 오르내린다. 주식시장 역시 마찬가지다. 주식시장에는 수많은 기업이 상장되어 있으며, 여러 가지 이유로 가격은 늘 변한다. 어떨 때는 시장의 과잉반응으로 주가가 폭락하기도 하고, 시장의 과열반응으로 주가가 폭등하기도 한다. 워런 버핏은 이런 시장의 반응을 살펴보며 가격이 가치보다 아래에 있을 때는 싼값에 주식을 사고 가격이 가치보다 위에 있을 때는 가지고 있던 주식을 팔았다.

» 절대 돈을 잃지 마라

워런 버핏이 말하는 투자 원칙은 2가지뿐이다.

제1원칙 : 절대로 돈을 잃지 마라.

제2원칙 : 제1원칙을 절대 잊지 마라.

워런 버핏은 투자 손실을 싫어하는 투자자다(물론 모든 투자자는 손실을 싫어한다). 이것은 복리효과하고도 관련이 있는데, 그가 돈이 불어나는 원리를 설명할 때 자주 이야기하는 것이 바로 '스노볼 snowball'이다. 스노볼이라는 것은 눈덩이를 이야기하는데, 산꼭대기에서 눈덩이를 굴리는 모습을 상상해보자. 처음에는 주먹만 한 눈덩이가 있었다. 이 눈덩이가 산을 굴러 내려오면서 점점 커진다. 그리고 산에서 다 내려왔을 때는 집채만 한 거대한 눈덩이가 된다. 워런 버핏은 돈이 복리로 늘어나는 현상을 이 눈덩이가 불어나는 과정에 빗대어 스노볼이라고 불렀다.

» 워런 버핏이 말한 눈덩이

그럼 반대로 생각해보자. 주식투자를 해서 손실을 보면 어떻게 될까? 손실을 보면 마찬가지로 복리로 손실을 입는다. 이익이 나면 눈덩이처럼 돈이 불어나지만, 반대로 손실을 입으면 원금이 빠르게 줄어든다. 그래서 워런 버핏은 절대로 돈을 잃지 말 것을 강조했다. 또한 손실 자체도 나쁜 것이지만 그 손실을 복구하기 위해서는 더 많은 수익률이 필요하다. 예를 들어 100만 원에서 50만 원을 손실 보면 손실률이 50%이지만, 50만 원에서 다시 100만 원이 되기 위해서는 100%의 수익률을 만들어야 한다. 더욱 어려워지는 것이다. 그래서 워런 버핏은 제1원칙으로 절대 돈을 잃지 말라고 하였고, 제2원칙으로 제1원칙을 잊지 말라고 했다.

워런 버핏은 장기투자자다. 단기에 수익률을 극대화하려는 투자자가 아니고 오랜 기간 가지고 있으면서 복리의 효과를 충분히 누리는 투자자다. 그의 말 중에는 이런 투자철학을 엿볼 수 있는 말들이 있다.

주식시장은 스트라이크가 없는 야구와 같다.
자신이 가장 좋아하는 공만 노려라.

주식시장은 스트라이크가 없는 야구와 같다는 말은 투자자의 입장에서 마음에 드는 종목이 없으면 주식을 사지 않고 무한정 기다려도 된다는 의미다. 보통 야구에서는 공이 날아오면 볼을 골라내던지 스트라이크 존으로 들어오는 공을 쳐야 한다. 그렇지 않고 3번의 기회를 놓치면 아웃이다. 하지만 주식시장은 그렇지 않다. 마음에 드는 종목이 없으면 언제까지고 사지 않아도 된다. 그 누구도 아웃시키지 않는다. 자기가 원하는 공이 들어올 때까지 시장을 주시하면서 기다렸다가 사서 장기 투자하는 것이 워런 버핏의 투자법이다.

하지만 대다수의 투자자는 좋은 공이 올 때까지 기다리지 못한다. 조금이라도 공이 스트라이크 존으로 오는 것 같으면 여지없이 방망이를 휘두른다. 좋은 공을 몇 번이고 충분히 기다려도 되는데 얼른 홈런을 치고 싶은 마음에 방망이를 휘두르고 만다. 방망이를 한번 휘둘러서 스트라이크를 당할 때마다 우리는 손실을 본다.

앞서 복리효과를 이야기하면서 손실에 대해 이야기를 했다. 50% 마이너스가 나면 100% 수익이 나야 원금이 회복된다. 우리가 결코 방망이를 함부로 휘둘러서는 안 되는 이유다. 큰 수익은 큰 리스크가 따르는 법이다. 자칫 잘못하여 수익이 아닌 손실을 본다면 원금을 회복하기 쉽지 않다. 그래서 워런 버핏은 높은 수익을 추구하기보다는 위험을 피하는 전략을 선호했다.

사람들이 공포감에 빠져 있을 때 욕심을 부려라.
거꾸로 사람들이 탐욕을 부릴 때에는 공포를 느껴라.
그러나 자신이 시장보다 더 똑똑하다는 오만함은 버려라.

투자의 세계에서는 역발상이 굉장히 중요하다. 역발상이라는 것은 남들과 다른 생각, 남들과 다른 행동을 하는 것인데 그게 참 어렵다. 주식시장에는 항상 공포와 탐욕이 도사리고 있다. 악재가 터지면 사람들은 공포에 질려 너도나도 주식을 팔기 시작한다. 반대로 호재가 생기면 사람들은 너도나도 그 주식을 사려고 한다.

시장에서는 가격이 수요와 공급에 의해서 결정된다는 점을 생각해보면, 악재 때문에 너도나도 팔려는 사람이 많을 때는 가격이 내려가게 될 것이라는 점을 쉽게 예측할 수 있다. 그래서 공포의 크기가 크면 클수록 가격은 터무니없이 내려간다. 반대로 장밋빛 호재가 나오면 너도나도 그 주식을 사려는 투자자가 늘어나고, 그러면 주식의 가격은 상식을 벗어나는 수준까지 치솟는다. 이때 우리는 이렇게 높게 치솟은 가격을 일컬어 '버블Bubble'이라는 표현을 쓰는데 이 시기에는 많은 투자자가 달콤한 꿈을 꾸는 시기다.

워런 버핏은 이러한 시장의 움직임을 간파하고 사람들이 공포에 질렸을 때는 싼값에 주식을 살 기회로 인식했다. 거꾸로 너도 나도 장밋빛 환상에 젖어 주식을 사고 있을 때는 비싼 가격에 주식을 팔 기회로 보았다. 대부분 투자자와는 정반대의 행동을 했다. 그 결과 그는 주식을 싸게 매입해서 비싸게 되팔아 세계 최고의 부자가 되었다.

10년 동안 보유할 주식이 아니라면,
10분도 보유해서는 안 된다.

워런 버핏은 주식거래를 단순히 사고파는 것으로 보지 않았다. 얼마에 사서 얼마의 수익을 먹고 빠지는 차익거래가 아니라 정말로 그 기업의 주인이 된다고 생각했다. 기본적으로 워런 버핏은 꾸준히 성장하는 기업에 투자하는 것을 좋아했는데, 코카콜라나 질레트 같은 회사들이 워런 버핏이 투자한 대표적인 기업이다. 워런 버핏은 코카콜라를 마시면서 10년 뒤, 20년 뒤, 자신의 자녀들과 손주도 코카콜라를 마실 것으로 생각했다. 또한 워런 버핏은 매일 아침 자라나는 수염을 깎으면서 면도기를 만드는 회사는 망하지 않을 것으로 생각했다.

이처럼 워런 버핏은 화려한 기술이나 미래를 획기적으로 바꿀만한 아이디어는 아닐지라도 오래도록 사람들의 사랑을 받는 기업을 찾아 투자하려고 노력했다. 그래야 그 기업이 오랜 기간 돈을 벌 수 있고, 시간이 지나면 지날수록 복리효과가 커져 큰 수익을 가져다줄 것으로 생각했기 때문이다. 실제로 그가 투자한 코카콜라나 질레트 같은 회사의 경우 그가 투자한 이후 꾸준히 기업 성장이 이뤄지고 있으며, 워런 버핏에게 큰 수익을 가져다주었다.

주식이라는 것이 기업의 소유권을 나타내는 증서임을 기억한다면 우리는 단기적인 투자이익 측면에서 주식을 사고파는 게 아니라 내가 그 기업의 주인이 된다는 생각을 가지고 주식투자에 임해야 한다. 그리고 그런 생각으로 시장에 접근할 때 정말 우량한 기업과 우량하지 않은 기업을 더욱더 수월하게 걸러내고 장기적으로 보유하면서 투자 수익을 누릴 수 있다.

04.
삶 속에서 투자할 것을 찾아라
- 피터 린치

월가의 영웅으로 꼽히며, 전설적인 투자자인 피터 린치. 11세 때 골프장 캐디로 일하기 시작하면서 골프장 손님의 주식 이야기를 들은 것이 주식입문의 시작이었다. 1977년 펀드 운용자산이 1,800만 달러였는데 그가 은퇴하던 1990년에는 140억 달러 규모가 되었다.

첫해에 1만 달러를 투자했다면 마지막 해에는 27만 달러가 되었을 정도로 투자 성과가 좋았다. 월가에 10년 동안 시장수익률을 능가한 경우는 워런 버핏과 피터 린치, 이 둘을 빼면 없다고 하니 피터 린치가 얼마나 대단한 투자자인지 엿볼 수 있다. 그럼 지금부터 워런 버핏과 더불어 전설적인 투자자가 된 피터 린치의 투자철학에 대해서 알아보자.

» 일상생활 속에서 투자할 종목을 찾아라

피터 린치는 주식투자를 하는 데 있어서 종목을 어렵게 찾지 않았다. 우리 눈에 보이지는 않으면서 추상적으로 매스컴을 통해 알게 되는 기업보다는 우리가 일상생활에서 소비하고 있는 제품을 만드는 기업에 투자하라고 조언했다.

구체적인 예를 들어보자. '허니버터칩'이라는 과자가 출시되었을 때이다. 고메버터와 달콤한 아카시아 꿀을 함유해 고소하면서도 달콤한 맛이 특징이었던 이 감자칩은 기존의 감자칩과 차별화된 맛을 내세워 선풍적인 인기를 끌었다. 당시 허니버터칩을 구할 수가 없어서 매장마다 품절 대란이 일어났고, 중고시장에서 정가의 몇 배로 거래가 되기도 하였다. 새로 출시한 제품이 이렇게 뜨거운 반응을 얻자 허니버터칩을 생산하던 크라운제과의 주가는 단기간에 2배 이상 급등하였다. 피터 린치는 이처럼 우리 주변에서 기업을 찾을 것을 권했고 이렇게 찾은 기업이 투자 성과가 탁월하다고 말하였다. 이런 기업은 주식 전문가보다는 과자를 사 먹는 우리 소비자들이 찾아내는데 더욱 유리하다.

» 그림으로 표현할 수 없는 아이디어에는 투자하지 마라

주식투자를 하기로 한 당신은 아마 투자기업을 찾기 위해서 다음과 같이 생각할 것이다. "남들은 잘 모르는 종목을 나만 발견해서

"

당신이 약간의 신경만 쓰면, 직장이나 동네 쇼핑상가 등에서 월스트리트 전문가들보다 훨씬 앞서 굉장한 종목들을 골라 가질 수 있다.

"

그 기업에 투자해야지!"라고. 남들이 잘 모르는 종목을 내가 발견해서 투자한다는 건 쉬운 일이 아니다. 오히려 그런 기업을 찾아서 투자하겠다는 욕심은 "~카더라"라든가, "이건 너한테만 알려주는 건데…"라며 출처도 없는 정보를 믿게 해 투자에 실패할 가능성만 높인다.

피터 린치는 오히려 굉장히 간단한 투자 아이디어를 제시한다. 그림으로 표현할 수 없는 아이디어에는 투자하지 말라는 것이다. 그림으로 표현할 수 없는 아이디어라는 것은 비즈니스 구조가 굉장히 어렵고 복잡해서 간단히 그려낼 수 없는 기업을 의미하는데, 한마디로 누구라도 기업이 돈을 버는 구조를 쉽게 파악하고 이해할 수 있는 회사의 주식을 사라는 의미다.

가구회사를 떠올려보자. 우리 주변에 책상, 의자와 같은 사무용 혹은 가정용 가구, 또는 주방의 싱크대나 안방의 장롱을 만드는 기업 말이다. 이런 것들을 만드는 회사는 비즈니스 구조가 굉장히 단순하다. 책상, 의자, 주방가구, 장롱 등과 같은 가구들을 잘 만들어 유통해 팔면 기업의 수익으로 이어진다. 좋은 가구를 좋은 가격에 잘 파는 회사가 경쟁력 있는 기업이며, 가구를 많이 파는 기업이 좋은 기업이란 걸 누구나 알 수 있다. 어렵지도 복잡하지도 않다.

이러한 가구기업은 단순하게 표현할 수 있는 아이디어를 가진 기업이라고 볼 수 있다.

» 매력적이라고 느껴지는 기업이 없을 때는
마음에 드는 주식이 나타날 때까지 돈을 은행에 넣어둬라

처음으로 주식투자를 하기로 하고, 주식계좌에 투자금까지 입금했다고 해보자. 아마도 당신은 수많은 종목 중에서 어떤 것을 사야 할지 고민하고 고민할 것이다. 그리고 거기서 추리고 추려서 기업을 하나 고르고, 결국엔 그 기업의 주식을 살 것이다. 보통의 주식투자자가 보여주는 모습이다. 물론 이 모습은 틀리지 않았다. 하지만 문제가 있을 수는 있다. 주가가 기업 가치대비 지나치게 높다면, 현금을 쓰지 않고 기다릴 수 있는 지혜가 필요하다.

그리고 바로 여기서 초보와 고수의 차이가 드러난다. 초보 투자자는 당장 돈이 있으면 주식을 사지 못해 안달이 난다. 돈이 그냥 가만히 통장에 있는 꼴을 보지 못하는 것이다. 당장 어딘가에 투자하면 돈을 벌 것처럼 생각한다.

하지만 고수는 다르다. 고수는 때를 기다릴 줄 안다. 먼 옛날 낚시질을 하면서 때를 기다리던 강태공처럼, 투자할 때와 투자를 미루어야 할 때를 안다. 아무리 사고 싶은 주식이 있더라도 주가가 지나치게 높다고 판단되면 주가가 떨어질 때까지 기다리고, 주가가 적정가치보다 낮다고 판단되면 주식을 바로 사기도 한다. 그래서 피터 린치는 투자를 할 만한 매력적인 기업이 없는 상황에서 일부러 투자하려 애쓸 필요가 없다고 말했다. 그 기업의 주가가 매력적인 수준으로 다시 올 때까지 기다리라는 것이다. 통장에 돈을 넣어

놓고 말이다.

피터 린치는 드넓은 세상에서 얼마만큼 보고, 듣고, 느꼈는지가 우리의 수익률을 말해줄 것이며, 10루타 종목은 언제나 우리의 곁에 있던 그 회사가 될 가능성이 높다고 말했다. 그러니 이제부터 마트에 가서 쇼핑할 때는 항상 다음과 같은 질문을 가지고 쇼핑을 해보자. "현재 시장에서 가장 인기 있고 관심이 높은 제품은 무엇이지?"라고 말이다.

05.

달리는 말에 당장 올라타라
- 필립 피셔

세계적인 투자자로 손꼽히는 워런 버핏. 그에게도 2명의 스승이 있었다. 한 사람은 가치투자 이론을 만든 벤저민 그레이엄으로 워런 버핏이 컬럼비아대학교를 다닐 때 교수와 학생의 관계로 만났다. 그리고 또 다른 한 명은 전설적인 투자자로 손꼽히며 1950년대에 처음으로 '성장주growth stocks'라는 개념을 제시한 필립 피셔다. 그는 지금까지도 주식투자 명저로 손꼽히는 《위대한 기업에 투자하라》라는 책을 썼는데, 이 책을 읽은 워런 버핏이 단숨에 피셔가 사는 샌프란시스코로 달려가 조언을 구했다는 일화는 유명하다. 도대체 필립 피셔의 투자철학이 어떠하였기에 워런 버핏은 책을 읽자마자 그를 만나러 샌프란시스코까지 갔던 것일까?

» **경쟁 업체에서는 아직 하지 않고 있지만,
당신 회사에서는 하는 게 무엇입니까?**

우리가 여기서 눈여겨봐야 할 대목은 '아직'이라는 단어다. 경쟁 업체에서는 아직 하고 있지 않지만, 이 회사에서는 하는 것. 그것이 바로 이 회사의 경쟁력이고 비교우위이며 잠재능력이다. 필립 피셔는 기업의 질적인 가치를 중요하게 생각한 투자자다. 질적인 가치라는 것은 자산이나 부채, 수익률과 같이 수치로 나타나는 기업의 상태가 아니라 경쟁 기업보다 얼마나 비교우위가 있으며, 그들과의 경쟁에서 앞설 수 있는 전략 등과 같은 기업의 경쟁력을 의미한다. 앞서 살펴본 워런 버핏의 '가치투자'가 기업의 가치를 숫자로 분석하여 가치를 측정하고 그 가치를 가격과 비교해서 투자를 결정하는 것이라면, 필립 피셔의 투자법은 그러한 숫자보다는 '성장성'과 같은 기업이 가진 잠재력, 비교우위 등을 보고 투자하는 방법이다.

예를 들면 이런 것이다. 우유를 생산하는 기업 A가 있었다. 다른 우유 기업과 마찬가지로 높은 출산율을 바탕으로 고공 성장을 거듭하던 기업 A는 최근 저출산이라는 위기에 부딪히며 성장이 정체되고 있었다. 우유를 많이 먹는 어린아이들의 숫자가 줄어들니 우유 판매량이 줄어들 수밖에 없었다. 그리고 이는 기업 A뿐만 아니라 우유를 생산하는 모든 기업에 닥친 공통 문제였다. 그러자 기업 A는 발 빠르게 시장 상황을 파악하고 우유를 바탕으로 진출할 수 있는 다른 시장을 찾기 시작했다.

그리고 우유가 많이 소비되는 커피 시장과 아이스크림 시장에 진출하기로 했다. 우유업계에서는 가장 빠르게 내린 결정이었다. 우유를 생산하는 다른 기업들은 여전히 점점 작아지는 우유 시장에서 마케팅 비용만 늘려가며 치열한 경쟁을 하고 있었다. 반면 기업 A는 빠르게 성장하는 디저트 시장을 발견하고, 1등급 우유를 바탕으로 만든 고급 커피와 아이스크림을 판매하여 프리미엄 디저트 시장의 새로운 강자로 자리매김하였다.

필립 피셔는 A와 같은 기업에 투자하였다. 기업이 연구개발을 소홀히 하지 않고, 신제품을 꾸준히 만들어내는, 뛰어난 경영진이 운영하는 회사를 찾아서 투자했다. 그리고 그 기업의 성장이 지속하는 기간에 주식을 보유함으로써 성장의 과실을 충분히 누리면서 수익을 극대화하였다.

» **달걀을 여러 바구니에 담는 것보단,**
가장 튼튼하고 안전한 바구니 하나에 담는 게 더 좋지 않을까요?

우리가 주식투자를 하는 데 있어 가장 많이 듣는 말 중 하나가 '포트폴리오'라는 단어일 것이다. 포트폴리오라는 말은 쉽게 이야기하면 투자를 분산시켜서 위험을 최소화하는 것을 의미한다. 어떤 종목이 오를지 내릴지, 내일 갑자기 어떤 일이 생겨도 이상하지 않은 것이 주식시장인지라 위험을 분산시키기 위해서 산업별로, 종목별로 나눠서 투자하는 것이다. 그러면 내가 투자한 하나의 기업이 부도가 나더라도 내 돈을 모두 잃을 일은 없게 된다. 그래서 대부분 주식투자자는 자신의 돈을 여러 기업에 투자하여 위험을 분산하는 성향을 보인다.

하지만 필립 피셔는 이러한 투자법에 동의하지 않았다. 필립 피셔는 역사적으로 최고의 수익을 올린 투자자들은 산업 평균보다 높게 성장한 소수의 기업을 찾아낸 사람들이었다는 것을 알고 있었다. 그래서 많은 수의 기업에 투자하는 것이 아니라 그 소수의 우수한 기업을 찾아서 집중투자 할 것을 권했다. 한마디로 달걀을 깨뜨릴까 봐 무서워 여러 바구니에 달걀을 나눠 담는 것이 아니라, 가장 튼튼하고 안전한 바구니를 하나 골라서 그 바구니에 모든 달걀을 담으라는 말이다.

이렇게 한번 생각해보자. 우리가 1,000만 원을 가지고 주식투자를 하는 것이다. 일단 우리가 괜찮다고 생각하는 기업 20개를 골라서 이 20개 중에서 투자할 기업을 최종적으로 고르는 것이다. 최종적으로 고른 기업은 20개 중에서 10개가 될 수도 있고, 5개가 될 수도 있고, 3개 혹은 1개가 될 수도 있다. 사람마다 투자의 성향이나 스타일이 다르기 때문에 최종 선정된 20개 기업 중에서 실제 투자에 들어가는 기업의 숫자는 모두 다를 것이다. 10개의 기업에 투자하겠다는 사람도 있을 것이고 5개의 기업에 투자하겠다는 사람도 있을 것이다. 또 20개 기업 모두에 투자하겠다는 사람도 있고 단 1개의 기업에 투자하겠다는 사람도 있을 것이다.

그런데 여기서 한 가지 의문이 생긴다. 우리가 최종적으로 투자를 결정한 기업들 사이에는 우열이 없는 것일까? 고르고 고른 20개, 10개 혹은 5개의 기업이 모두 똑같은 투자의 우선순위를 가지느냐는 것이다. 아닐 것이다. 분명 그 20개의 기업 중에서 또다시 1위부터 20위까지 투자 우선순위를 정할 수 있다.

필립 피셔가 말하는 것도 바로 이 맥락이다. 우리가 기업을 정확하게 분석한다면 산업 평균보다 높은 성장률을 보이는 기업은 생각보다 많지 않다는 것이다. 우리는 그 소수의 기업을 찾아서 그 기업에 집중투자를 해야지, 괜찮아 보이는 여러 개의 기업에 분산투자해서는 높은 이익을 얻을 수 없다는 말이다.

» **최고의 기업을 찾았으면,**
  어떤 변화가 있지 않은 한 주식을 팔 이유가 없지 않을까요?

뛰어난 잠재력을 지녔지만 아직 그 잠재력이 주가에 반영되지 않은 최고의 기업을 찾았다면, 그 기업의 주식을 사면 된다. 그러면 그렇게 산 주식을 언제까지 보유하면 되는 것일까? 필립 피셔는 그런 기업을 찾는다면 평생 주식을 파는 일은 거의 없을 것이라고 말했지만 다음의 2가지 경우가 나타나면 주식을 팔라고 이야기하였다.

1. 최고 경영진의 교체와 같이 기업의 본질에 근본적인 변화가 생겼을 경우

필립 피셔는 투자할 기업을 고르는데 있어 생산, 마케팅, 연구개발, 재무 역량 등 다양한 요소들을 검토했지만, 특히 사람을 중요하게 생각했다. 생산이든 마케팅이든 연구개발이든 재무 역량이든 간에 뛰어난 사람이 있어야지 좋은 결과로 이어질 수 있다고 보았기 때문이다. 그래서 기업의 본질에 변화를 가져다줄 수 있는 최고 경영진 교체 같은 일이 발생할 경우 주식을 파는 걸 검토해야 한다고 생각했다.

기업의 경쟁력은 사람에게서 나온다는 생각은 필립 피셔만의 생각은 아니다. 세계에서 가장 영향력 있는 경영 석학으로 손꼽히는 《좋은 기업을 넘어… 위대한 기업으로》의 저자 짐 콜린스 역시 기업에 있어 사람의 중요성을 강조했다. 그의 책을 보면 버스를 통해 인재의 중요성을 강조한 부분이 나오는데 내용을 요약하면 다음과 같다.

두 대의 버스가 있다. A라는 버스는 목적지는 결정되어있지만, 그 버스를 타고 있는 승객들은 그리 뛰어난 사람들이 아니다. 반대로 B라는 버스는 목적지가 결정되어 있지는 않지만 그 버스를 타고 있는 승객들이 아주 뛰어난 사람들이다. A와 B, 이 둘 중 어느 버스가 먼저 목적지에 도달할 것이라고 생각하는가?

짐 콜린스는 위대한 기업을 만든 경영자가 가장 먼저 한 일에 대해서 연구하였는데, 그들이 좋은 기업에서 위대한 기업으로 도약하기 위해 가장 먼저 한 일은 그럴듯한 비전을 만들고 목표치를 제시하는 일이 아니었다고 한다. 좋은 기업을 위대한 기업으로 만들어낸 경영진이 가장 먼저 한 일은 적합한 사람들을 남기고 부적합한 사람들을 버스에서 내리게 하는 일이었다.

결국 버스가 목적지에 가장 빨리 도착하기 위해서는 버스에 타고 있는 승객이 중요하다는 이야기다. 목적지가 먼저 정해진 버스 A는 목적지를 향해 달리기만 하면 되니 더 빨리 도착할 것 같지만 잘 가다가도 우왕좌왕하며 가다 서다, 돌아가기를 반복하며 목적지에 도착하지 못하거나 늦게 도착한다. 반면에 우수한 승객만 타고 있는 버스 B는 목적지가 없더라도 승객들이 합심하여 목적지를 정하고 빠르게 도착한다는 것이다. 필립 피셔가 왜 주식을 팔 시점으로 경영진의 교체를 언급하고 있는지 엿볼 수 있다.

2. 더 이상 경제 전체의 성장률보다 기업이 빠르게 성장할 수 없는 경우

모든 만물에 흥망성쇠가 있듯이 기업 역시 흥망성쇠가 있다. 망해가던 회사가 살아난다거나, 잘나가던 회사가 갑자기

파산하는 경우를 우리는 어렵지 않게 찾아볼 수 있다. 따라서 우리는 주식을 오래도록 가지고만 있는 것이 정답이 아니라는 사실을 알 수 있다. 주식을 팔지 않고 계속 보유하다가 기업이 망하게 되면 그 주식은 휴짓조각이 되기 때문이다. 지금 그 회사가 아무리 잘나가고 큰 회사라 할지라도 이 세상에서 영원이라는 것은 없다.

그렇다면 필립 피셔는 언제 주식을 팔아야 한다고 생각했을까? 필립 피셔는 가파르게 성장하던 기업이 어떠한 문제로 더 이상 그 성장세를 유지하지 못할 경우 주식을 팔아야 한다고 생각했다. 늘 업종 최고의 수익률을 기록하고, 시장 평균 성장률보다 더 높은 성장을 하던 기업이 갑자기 주춤하는 모습을 보인다면 주식을 팔 것을 고려해봐야 한다는 것이다. 하지만 여기서 주의해야 할 것은 "정말로 매력적이고 위대한 기업이 [단기적]인 사유로 인해서 성장률이 정체되는 경우라면 절대 팔아서는 안 된다"는 것이다. 성장이 주춤하게 된 원인이 단기적인 요인에 의한 것인지, 아니면 장기적인 요인에 의한 것인지를 분석하여 의사결정을 해야 한다는 의미이다. 만약 그 요인이 단기적인 것에 기인한 것이라면 우리는 그 기업의 주식을 계속 보유해야 한다.

    워런 버핏은 자신의 투자지식이 벤저민 그레이엄으로부터 85%, 필립 피셔로부터 15%의 영향을 받았다고 말한 바 있다. 가치투자를 중시하는 벤저민 그레이엄으로부터는 기업의 계량적 가치, 다시 말해 기업의 가치를 정확하게 판단하여 주가와 비교하는 법을 배웠고, 필립 피셔로부터는 기업의 질적 가치를 판단하는 법을 배웠다.

    사실 주식투자를 하는 데 있어 기업의 계량적 가치로부터 주가를 예측하고 판단할 수 있다면 우리나라에서 회계사가 주식투자로 가장 큰 성공을 거두었을 것이다. 하지만 워런 버핏도 회계사가 아닐뿐더러, 우리나라에서 주식투자로 손꼽히는 사람 중에서도 회계사 자격증을 가진 사람은 찾아보기 어렵다. 그것은 주식투자가 단순히 숫자로 계산하고 판단하여서 될 문제가 아님을 알려준다. 그런 측면에서 필립 피셔는 기업의 질적 가치를 새로운 투자 기준으로 제시함으로써 성공적인 성과를 일궈내었다는 것에 의미가 있다.

06.
예금이자보다 높은 수익,
배당주 투자

매달 혹은 매년 정기적으로 일정한 수입을 원하는 사람들은 부동산이나 예·적금에 투자하는 경우가 많다. 주식투자는 사고팔아서 수익을 만드는 매매차익으로만 돈을 벌 수 있다고 생각하기 때문이다. 하지만 그렇지 않다. 월세를 받는 부동산처럼, 이자 수익을 얻을 수 있는 예금 및 적금처럼 일정한 현금흐름이 필요한 경우에도, 주식투자는 매력적인 투자수단이 될 수 있다.

주식투자 역시 매년 일정한 현금흐름을 만들어 낼 수 있는 투자법이 있기 때문이다. 예금금리보다 몇 배의 수익을 올릴 수 있는 배당주 투자가 바로 그것이다. 실제로 2018년 12월을 기준으로 10% 이상의 배당수익을 기대할 수 있는 종목도 꽤 있다. 현재 예금금리가 2% 정도인 것을 감안하면 예금이자를 기대하는 것보다는 주식을 사서 배당을 받는 것이 훨씬 합리적인 방법이라고 생각한다.

우리가 주식투자를 한다고 하면 사고팔아서 차익을 남기는 수익만을 생각한다. 주가가 조금이라도 쌀 때 사서 가격이 오르면 비싸게 팔아서 이익을 남기는 것이다. 물론 이 방법이 주식투자를 하는 대다수 사람의 주된 목적이지만 주식투자를 이와는 조금 다르게 접근해 볼 수도 있다.

우리가 앞서 주식이라는 것은 기업의 소유권을 나타낸다고 이야기한 바 있다. 그래서 주식을 가진다는 것은 단순히 내가 이 기업에 투자했다는 의미를 넘어서 내가 이 기업의 주인이 된다는 말이다. 기업의 주인이 된 주주들은 내가 투자한 기업의 이익에 대한 권리도 가질 수 있게 되는데, 이번 연도에 이익이 많이 났으면 그 이익에 대한 배분을 요구할 수도 있다는 이야기다. 그래서 일부 기업들은 연말에 이익을 총결산하여 주주들에게 이익 일부를 나누어주기도 하는데 이를 배당이라고 한다.

기업이 하는 배당은 이익이 났을 때 하는 것이 일반적인데, 과거보다 이익이 많이 났으면 배당금이 많아질 수도 있고, 이익이 거의 나지 않거나 적자를 봤다면 배당을 하지 않을 수도 있다. 물론 이익이 많이 났어도 기업의 미래사업에 써야 할 돈이 많다면 배당금은 적거나 하지 않을 수도 있다. 어찌 되었든 이러한 배당금을 받기 위해 해당 주식을 사는 것, 그것을 우리는 배당주 투자라고 부른다.

그렇다면 배당을 받으려고 그 기업의 주식을 샀을 때 우리가 기대할 수 있는 수익률은 얼마나 될까? 이는 기업에 따라 다르고, 또 매년 달라지지만 2018년을 기준으로 기대할 수 있는 배당수익률은 많게는 10%대 후반에서 적게는 1% 언저리까지 기업마다 천차만 별이다. 배당수익을 목적으로 주식투자를 한다고 하면, 배당수익률을 따져보아서 10% 이상인 기업에 투자하면 예금금리보다 5배 이상의 수익을 기대할 수 있으니 나쁘지 않은 투자다.

» 배당주 투자의 장점 세 가지

그렇다면 배당주 투자는 매매차익을 목적으로 하는 주식투자에 비해서 어떤 장점이 있을까? 배당주 투자의 장점은 여러 가지가 있을 수 있지만 여기서는 3가지 정도를 언급해보고자 한다.

첫째, 주가가 하락하더라도 금리 이상의 수익률을 기대할 수 있다. 주식투자를 하는 사람들이 가장 두려워하는 것은 원금 손실이다. 주식 3,000만 원어치를 샀는데 주가가 반 토막이 나버리면 더 손실이 날까 봐 두려워하다가 결국 손절매를 하게 된다. 하지만 배당을 목적으로 주식투자를 하면 이러한 상황에서 조금 더 여유를 가질 수 있다. 주가라는 것은 원래 기업에는 아무런 문제가 없어도 경제 상황에 따라 오르기도 하고 내리기도 한다. 또 이유 없이 상승과 하락을 하므로 애초부터 주가의 상승을 예측해서 투자한다는 것이 굉장히 어려운 일이다. 그래서 상승할 것으로 기대하고 투자를 했는데 내 예상과 달리 하락하는 모습이 나오면 판단을 잘못했다는 생각이 들기 시작하고 초조해지면서 자처해서 손실을 보게 되는 것이다.

하지만 배당주에 투자하면 주가의 변동에 일희일비할 필요가 없다. 연말에 금리보다 높은 배당금을 목적으로 주식투자를 하면, 주가가 하락해도 큰 걱정이 없다. 주가가 하락했을 때 주식을 추가로 더 사면, 더 높은 배당수익률을 얻을 수 있기 때문이다. 예를 들어, 배당을 500원 하는 주식이 있는데 현재 주가가 1만 원이라고 해보자. 이 주식의 배당수익률은 5%가 된다. 그런데 갑자기 이 회사의 주가가 아무런 이유도 없이 반 토막이 났다. 그러면 주가는 5천 원이 되고 배당은 500원이므로 10%의 배당수익을 받는다. 이처럼 배당주 투자를 하게 되면 주가 하락에 일희일비하지 않고 하락을 오히려 기회로 이용하는 투자를 할 수 있다.

둘째, 배당을 꾸준히 해왔다는 것은 좋은 기업이라는 신호다. 주식 투자의 기본은 좋은 기업을 선정하는 것부터 시작한다. 그런데 이 기업이 좋은 기업인지, 나쁜 기업인지는 사실 전문가들도 쉽게 판단할 수 없는 경우가 종종 있다. 기업에서 마음먹고 회계장부를 조작하면, 감사를 하는 회계사 입장에서도 이를 발견하기란 쉬운 일이 아니기 때문이다. 하물며 일반인이 이것을 판단하는 것은 더욱더 어려운 일이다.

하지만 배당주 투자를 하면 이런 걱정을 조금 덜 수 있다. 배당을 많이 하는 기업이란 어떤 기업인지 생각해보자. 일단 배당을 하기 위해서는 이익이 나야 한다. 이익이 많이 나면 날수록 배당을 많이 할 가능성이 높다. 반대로 기업이 적자를 보는데 배당을 하기란 매우 어렵다. 안 그래도 기업에서 돈이 부족한데 주주들에게 배당한다는 것은 오히려 이상한 회사니 조심해야 한다. 또한 오랜 기간 동안 배당을 한 기업이라면 이 기업은 독과점하고 있거나 시장을 지배하고 있을 가능성이 높다. 그렇지 않고서는 호황과 불황의 경제 사이클 속에서 오랜 기간 동안 배당을 할 수 없기 때문이다. 이처럼 배당만 가지고도 나쁜 기업을 어느 정도 걸러내고 좋은 기업을 고를 수 있다.

셋째, 시세차익도 누릴 수 있다. 배당주 투자를 한다고 해서 시세차익을 누리지 못한다고 생각하면 오산이다. 기업의 실적이 좋아질수록 기업의 주가가 오르는 것은 당연하다. 배당주 역시 마찬가지다. 배당을 많이 하는 기업의 실적이 많이 좋아졌다면, 주가가 오르는 것은 당연하다. 따라서 배당주 투자는 주가가 하락하면 배당을 기대하고 주가 하락기를 버틸 힘이 될 수 있고, 주가가 상승하면 배당과 동시에 시세차익도 볼 수 있는 안정적인 주식투자법이 될 수 있다.

» 배당주 투자할 때 주의사항

그렇다면 배당주 투자를 할 때 주의해야 할 사항은 없을까? 첫째, 배당주에 투자할 때는 작년의 배당금이 계속 이어지리라고 확신해서는 안 된다는 것이다. 경영환경이 급변하는 경우 기업의 영업이익도 급변할 수 있다. 작년에는 영업이익이 많이 났지만, 올해에는 적자가 날 수도 있다. 적자가 나는 경우에는 배당하지 않을 수도 있다.

둘째, 배당금이 일시적인지 아니면 지속하여왔는지 확인하자. 배당수익률은 작년 배당금을 전제로 계산한다. 그래서 작년에만 배당했거나, 배당금이 특히 많았다면 올해에는 완전히 다른 배당수익을 받을 수도 있다. 그래서 배당주에 투자할 때는 해당 기업이 지난 몇 년간 지속해서 배당해온 기업인지를 확인해야 한다. 3년 이상 지속해서 배당해온 기업이어야 올해 역시도 큰 변화가 없다면 배당을 할 것이라고 기대할 수 있을 것이다.

이처럼 배당주 투자의 특징과 주의할 점을 잘 알고 주식투자에 나선다면 우리는 주식투자를 보다 안전하게 할 수 있다. 배당주 투자를 통해 배당과 시세차익이라는 두 마리 토끼를 잡아보자.

제6부

부동산으로
돈 벌기

01.

왜
부동산투자일까?

우리나라에서 부자가 될 수 있는 방법에는 어떤 것이 있을까? 어떻게든 돈만 많이 벌면 부자가 될 것 같지만, 부자가 된 사람들을 살펴보면 크게 3가지 방법 중 한 가지 방법으로 부자가 되었음을 알 수 있다. 첫 번째 기업을 세우는 방법, 두 번째 주식에 투자하는 방법, 세 번째 부동산에 투자하는 방법이다. 이 3가지 방법을 하나하나 따져보자.

» **결국, 3가지 중에 하나다**

첫 번째, 기업을 세워서 부자가 되는 방법이다. 기업을 세워서 부자가 되는 방법은 아무나 하기 어려운 일이다. 사업 아이디어도 있어야 하고, 그 아이디어를 추진할 수 있는 능력도 있어야 한다. 거기다가 내 일을 적극적으로 도와줄 사람도 잘 만나야 한다. 이중 어느 하나라도 잘 안 되면 기업을 세워서 성공적으로 경영하기 쉽지 않다. 주변 사람들이 사업을 한다고 하면 뜯어말리는 이유가 바로 여기에 있다. 성공하면 정말 큰 부를 얻을 수 있지만, 실패할 가능성이 너무 높다.

두 번째, 주식에 투자하여 부자가 되는 방법이다. 주식에 투자하는 것은 그 기업과 동업을 하는 것이다. 내가 직접 기업을 운영할 능력이 없더라도 해당 기업에 자본을 투입함으로써 그 기업의 이윤을 나누는 것이다. 기업이 성장하면 성장할수록 내가 소유한 주식의 가치가 높아지고 배당수익이 증가하여 부를 축적할 수 있다. 우리가 알고 있는 삼성그룹의 이재용, 현대자동차 그룹의 정몽구 등 재벌가의 사람은 모두 주식을 통해 부를 축적해나가고 있다.

마지막으로 부동산에 투자하여 부자가 되는 방법이다. 부동산에 투자한다는 것은 아파트, 주택, 상가, 토지 등을 구입하여 임대이익을 얻거나 시세차익을 누리는 것인데 대부분 개인투자자에게는 아파트, 빌라 등 주택이 주된 투자대상이 된다. 우리나라에서 가장 선호도가 높은 투자처가 바로 부동산인데, 이는 부동산투자가 로컬비즈니스라는 특징을 가지고 있기 때문이다.

앞서 살펴본 주식투자의 경우 개인투자자에게 접근성이 굉장히 좋고, 환금성도 좋은 투자처가 될 수 있지만 기관투자자나 외국인, 작전세력과 힘겨운 머니게임을 해야 한다는 단점이 있다. 하지만 부동산의 경우는 그렇지 않다. 아무리 돈이 많은 기관투자자라 할지라도 어떤 아파트 단지의 매물을 모조리 산다거나 자기들만 아는 정보로 먼저 투자를 하기가 쉽지 않다. 같은 서울 아파트라고 할지라도 강남과 강북이 다르고, 단지의 구성에 따라, 학교의 위치와 수준에 따라 가격이 모두 달라지기 때문이다. 또한 주식보다 상대적으로 환금성이 떨어지는 부동산투자는 기업들이 주요 업으로 삼아 비즈니스를 하기가 쉽지 않다. 또한 부동산은 기업보다는 개인이 훨씬 더 많은 정보를 가지고 있을 가능성이 높다. 내가 사는 아파트, 내가 사는 동네의 장단점을 이곳에 사는 나보다 기업이 더 잘 알 가능성은 크지 않다.

» 자신이 평범할수록 부동산투자를 해야 하는 이유

또한 부동산투자는 개인과 개인의 싸움이다. 부동산투자는 막대한 자본과 정보를 가진 기관투자자를 상대로 투자 경쟁을 하는 주식과 다르다. 나와 같은 처지에 있는 영희네 엄마, 옆집 새댁과 함께 투자하는 것이다. 나와 비슷한 상황에 있는 사람들보다 반 발짝만 빠르게 판단하고, 조금만 더 정보를 모은다면 상대적으로 수월하게 투자에서 성공을 거둘 수 있다.

그래서 나는 평범할수록 부동산투자를 해야 한다고 생각한다. 영문도 모른 채 갑자기 상장폐지가 되어 휴짓조각이 되는 주식과 달리 부동산은 투자가 망해도 여전히 그 땅과 집은 남아있다. 최악의 경우에는 내가 투자한 집에 들어가 살면 손실을 최소화할 수 있다. 그뿐만 아니라 학교에서 배우지도 않는 재무제표 같은 어려운 문서를 볼 필요도 없다. 어려운 반도체 산업을 이해할 필요도 없고, 희귀병의 임상 시험에 대해서 알 필요도 없다. 우리 삶에 굉장히 밀접하면서도 조금만 관심을 가지면 아주 좋은 자산증식의 수단이 되는 게 부동산이다.

하지만 대부분 사람은 부동산투자에 관심이 많지 않다. 최근 들어서 관심을 가지는 사람들이 많이 생기기는 했지만, 젊은 층에서 여전히 부동산은 관심의 대상에서 제외되는 경우가 대부분이다. 그 이유는 자본이 어느 정도 형성되어야 투자할 수 있다는 믿음 때문이다. 서울의 아파트값이 10억 원이 넘어간다는 뉴스를 접하다 보니 최소 몇억 원은 있어야 부동산에 투자할 수 있는 것으로 생각한다. 그래서 아예 관심을 두지 않는다. 하지만 부동산에 조금이라도 관심이 있는 사람은 알겠지만, 부동산은 얼마든지 소액으로도 투자할 수 있는 길이 많이 있다(이를 레버리지 투자라고 하는데 뒷부분에서 자세하게 다루겠다). 어찌 되었든 우리가 가진 편견이 부동산투자를 막는 것이다.

» 부동산에 대한 상반된 시선: 투자인가 투기인가

모든 투자는 빠를수록 유리하다. 결국 시간이 돈을 벌어다 주기 때문이다. 부동산 역시 마찬가지다. 어쩌면 주변 사람이 부동산투자를 여러 가지 이유로 망설이고 있다면 오히려 더 기회가 될 수도 있다. 따라서 남보다 조금이라도 빨리 부동산에 관심을 가져야 한다. 부동산이라는 투자자산이 가지는 안전성과 레버리지를 잘 활용하면 그 어떤 투자처보다 위험성은 낮고 수익은 크게 볼 수 있기 때문이다.

하지만 그런데도 부동산을 향한 시선은 왜곡되어있는 경우가 많다. 부동산투자를 투기로 보는 시선이 그렇다. 우리 사회는 집을 많이 가진 사람을 좋게 보지 않는다. 정부에서조차 이러한 사람들을 투기꾼으로 보고 다양한 규제를 하고 있다. 하지만 이런 외부의 시선에 휘둘려서는 안 된다. 우리는 부동산 역시 수많은 투자수단 중 하나라고 생각하고 공부해야 한다. 부동산에 대한 편견을 극복하는 것부터 시작해보자. 그 편견을 극복해간다면 부동산에 대한 새로운 투자 매력이 하나둘 보일 것이다. 우리나라의 많은 사람이 부동산을 통해 경제적 자유를 이뤘다는 것을 명심하자.

02.
아무리 부족해도
수입할 수 없는 땅의 가치

물건의 가격은 어떻게 정해지는 것일까? 가격과 가치는 어떤 관계가 있을까? 물건의 가치는 어디서 오는 것일까? 우리는 물건을 살 때 항상 가성비를 고려한다. 그래서 내가 지불한 가격에 비해서 성능이 뛰어나면, 우리는 그 물건을 잘 샀다고 생각한다. 가치 대비 가격이 저렴하다고 느끼는 것이다.

그렇다면 물건이 가진 가치가 높으면 높을수록 가격도 따라서 높아질까? 다시 말하면, 우리에게 필요한 물건은 가치가 높아서 가격이 비싸고, 우리에게 필요하지 않은 물건은 가치가 없으니 가격이 저렴할까? 부동산의 가치를 이야기하기 전에 가격과 가치의 상관관계에 관해서 이야기를 해보고자 한다. 그래야 부동산이 투자자산으로서 가지는 독보적인 강점을 이해할 수 있다.

다이아몬드와 공기의 이야기를 해보자. 다이아몬드는 세계에서 제일 비싼 보석이다. 그런데 정말 다이아몬드 반지는 수십억 원, 수백억 원의 가치가 있는 걸까? 대부분 사람에게 다이아몬드 반지는 가격만큼의 가치를 주지 못할 것이다. 그런데도 다이아몬드의 가격은 어마어마하다.

이번에는 공기를 생각해보자. 우리는 숨을 못 쉬면 죽는다. 그런데 공기의 가격은 얼마인가? 하루에도 수없이 많은 숨을 쉬지만 돈을 내지 않는다. 공기의 가격이 없기 때문이다. 공기의 가치가 없기 때문일까? 아마 가치로만 따지면 다이아몬드보다 수천 배, 수만 배 더 높을 것이다. 그런데도 우리는 공기를 사용하는데 돈을 내지 않는다. 대체 가격의 차이는 어디서 오는 것일까?

그 답은 바로 '희소성'에 있다. 희소성이라는 것의 의미를 사전에서 찾아보면, 인간의 물질적 욕구보다 그것을 충족시켜주는 물적 수단의 공급이 상대적으로 부족한 경우를 뜻한다. 다이아몬드는 많은 사람이 갖기를 원한다. 하지만 우리가 사는 지구에서 다이아몬드는 매우 적기 때문에 원하는 사람들 모두가 가질 수 없다. 한마디로 다이아몬드는 희소성이 매우 높으며, 그래서 비싸다.

하지만 공기는 다르다. 지구상에 공기를 원하는 사람은 많다. 하지만 공기는 원하는 사람들에게 모두 공기를 주어도 충분히 남을 만큼 있다. 그래서 공기는 가격이 없다. 이처럼 가치와 상관없이 아무리 좋은 것도 지나치게 많으면 가격이 없거나 낮다.

» 아무리 부족해도 수입할 수 없는 땅

이처럼 물건의 가격이 희소성에 따라 정해진다는 것을 알았다면, 이제는 부동산에 관해서 이야기를 해보자. 땅은 어떤가? 땅의 가치는 얼마가 적당할까? 언젠가 매년 올라가는 부동산 가격에 대한 내용을 다룬 신문 기사를 본 적이 있을 것이다. 몇십 년 전보다 강남 땅값이 몇백 배가 올랐다는 내용 말이다. 왜 강남 땅값은 그렇게 많이 오를 수 있었을까?

일단 기본적으로 우리나라의 땅을 생각해보자. 좁은 영토에 많은 인구가 사는 우리나라는 경제협력개발기구OECD 국가 중 인구밀도가 가장 높은 국가다. 특히 수도 서울은 인구밀도가 1만 6,000명/km^2로 OECD 국가의 도시 중 가장 높다. 영토 대비 지나치게 많은 사람이 사는 것이다. 당연히 그만큼 삶의 질은 떨어질 가능성이 높다. 좁은 공간에 지나치게 많은 사람이 있으면 불쾌감이 증가하기 때문이다. 하지만 그렇다고 해서 서울의 땅을 늘릴 수가 없다. 부족한 서울의 땅을 해외로부터 수입하여 사람에게 줄 수 없기 때문이다. 이러한 땅의 특성을 '부증성(토지의 양은 늘릴 수 없다는 뜻)'이라고 하는데, 이 부증성 때문에 부동산은 희소성을 가진다. 그리고 그 희소성에서 가치가 창출되고 가격이 매겨지기 시작한다. 마치 다이아몬드처럼 말이다. 서울에 살고 싶은 사람이 늘어나면 늘어날수록 서울의 땅값은 올라갈 수밖에 없다.

그래서 땅은 우리가 투자하는 데 있어서 매우 매력적인 자산이 된다. 돈은 한국은행에서 마구 찍을 수 있지만, 땅은 만들 수 없기 때문이다. 시중에 풀리는 돈이 많으면 많을수록 땅값은 덩달아 올라간다. 돈의 양이 많아지면 화폐 가치가 떨어지는 데 반해 땅은 한정되어 있기에 인플레이션으로부터 방어가 된다. 우리나라 땅의 평균가격이 1964년에 1제곱미터당 19.6원이었는데, 2013년에는 1제곱미터당 5만 8,325원까지 명목가치 기준 2,976배, 물가를 고려한 실질 가치 기준 83배나 상승할 수 있었던 것도 이 때문이다.* 인구는 점점 늘어나고, 경제 규모가 점점 커지면서 땅의 필요성은 커진 데 비해 땅의 양은 늘어나지 않기 때문이다.

우리가 서울의 아파트를 이야기할 때 늘 언급하는 한강 변의 아파트도 마찬가지다. 한강 변에 위치한 아파트의 가격이 계속 올라가는 이유도 바로 희소성 때문이다. 서울에서 한강을 조망할 수 있는 땅은 서울 땅 중에서도 극히 일부다. 따라서 한강을 볼 수 있는 아파트를 공급하는 데는 근본적으로 양적인 한계가 있는데, 이러한 아파트에 거주하고자 하는 사람들의 욕망은 점점 올라가니 한강 조망권에 대한 가격이 그 자체만으로 몇억을 형성하는 것이다.

아무리 부족해도 수입할 수 없는 땅에서 발생하는 부동산의 가

---

* 고란, "통계로 본 집값 버블, 서울 상승률 80년대 도쿄에 버금," 〈중앙선데이〉, 2018.10.13

치는 다른 자산과는 확연히 구분되는 탁월한 강점을 만들어낸다. 더 만들어낼 수 없다는 부증성에서 오는 희소성은 인플레이션으로부터 땅의 가치를 보호해주기 때문이다. 부동산이 가지는 이러한 속성을 잘 이해한다면 우리는 적재적소에 위치한 땅을 사서 모으기만 해도 큰 부자가 될 수 있다는 사실을 알 수 있다. 좋은 땅에 대한 수요는 늘어나면 늘어났지 절대 사라지지 않을 것이기 때문이다. 지금까지 서울의 아파트값이 계속 올라갔고, 앞으로도 계속 오를 것이라고 보는 이유다.

03.
다른 사람의 돈을 이용해
내 돈 버는 레버리지

우리나라 부자가 가장 선호하는 재테크 수단은 '부동산'이라고 한다. 역사적으로 보아도 부동산 가격은 잘 내려가지 않았고, 설령 내려가더라도 시간이 지나면 다시 가격을 회복해 그 이상으로 올라가는 모습을 보여주었다. 사람들의 인식 속에 '부동산 불패 신화'가 형성된 것도 바로 이 때문이었다. 앞서 말했듯 워런 버핏의 투자원칙 2가지는 아래와 같다.

제1원칙 : 돈을 절대로 잃지 마라
제2원칙 : 제1원칙을 절대로 잊지 마라

대한민국의 부동산은 워런 버핏의 이런 투자원칙을 지키는데 있어 가장 효과적인 투자 상품이었다. 그래서 우리나라에서는 주식이나 금융상품에 대한 투자 비중이 비교적 작고, 부동산투자 비중이 높다.

» 부동산의 매력은 안정성? 그보다 더 치명적인 부동산의 매력

하지만 부동산의 치명적인 매력이 정말 '안정성'에만 있을까? 사실 '부동산 불패 신화'는 조금씩 금이 가고 있다. 여전히 부동산에 대한 믿음은 강한 편이지만 지역적으로 따져보면 정말 부동산 불패 신화가 여전한 것인지 의구심이 든다. 단지 이런 사례가 아직은 판을 뒤집을 만한 대세가 되지 못했기 때문에 불패 신화라는 믿음이 계속 이어지고 있을 뿐이다. 뭐, 부동산 불패 신화는 아무래도 좋다. 어찌 되었든 '부동산'이라는 자산이 가지고 있는 안정성은 투자대상으로서 매력도를 더 올려주는 것은 분명한 사실이니까.

그런데 사실 부동산의 매력은 안정성이 전부가 아니다. 그보다 훨씬 치명적인 매력이 있다. 너무 치명적이라서 아는 사람만 알고 있으며, 이런 부동산의 매력을 한 번이라도 느껴본 사람은 헤어 나오지 못한다. 그 매력은 바로 '레버리지'다. 레버리지에 대한 설명은 밑에서 이어가겠다.

» 1억 원짜리 아파트가 2억 원 되기 쉬울까
10억 원짜리 아파트가 11억 원 되기 쉬울까

아파트가 있다. 하나는 가격이 1억 원이고, 다른 하나는 10억 원이다. 크기나 구조, 연식은 거의 비슷하다. 아파트라는 상품이 개발 호재나 환경에 가격이 영향을 많이 받을 수밖에 없지만 여기서는 가격에 관해 이야기를 하고 있으므로 그런 것들은 가격에 영향을 미치지 않는다고 가정하자. 이 두 아파트가 각각 1억 원씩 오르는 상황이다. 1억 원짜리 아파트를 사도 1억 원을 벌고 10억 원짜리 아파트를 사도 1억 원을 번다. 이렇게 똑같이 수익이 1억 원인 상황에서 우리는 어느 것이 더 빨리 오를 것인지를 판단해서 투자하면 된다. 입지나 환경적인 요소는 모두 배제했으므로 가격에 대한 심리적인 부분만을 살펴보자.

상승률을 따져보니 1억 원짜리 아파트가 1억 원이 올라 2억 원이 되려면 아파트 가격이 100% 상승해야 한다. 반면에 10억 원짜리 아파트가 1억 원이 올라 11억 원이 되려면 10%만 상승하면 된다. 가격이 100% 오르는 것과 10% 오르는 것. 우리는 10% 오르는 것이 100% 오르는 것보다 가능성이 높고 빠를 것이라는 사실을 알고 있다. 내 월급이 100% 오르는 일보다는 10% 오르는 일이 훨씬 실현 가능성 있지 않은가.

그래서 돈이 돈을 번다는 이야기를 한다. 10억 원을 가지고 있는 사람은 10억 원짜리 아파트를 사지만 1억 원을 가지고 있는 사람은 1억 원짜리 아파트를 살 수밖에 없기 때문이다. 결국 1억 원이 오르는 속도를 비교했을 때, 10억 원짜리 아파트가 더 빠르다고 생각하면 부동산투자는 돈을 많이 가진 사람이 돈을 더 쉽게 벌 수밖에 없는 구조다.

그러나 걱정할 것 없다. 아마 부동산투자가 이런 식으로 돈을 많이 가진 사람에게 압도적으로 유리했다면 부동산은 투자상품으로서 지금의 인기를 얻지 못했을 것이다. 돈 많은 사람만 돈을 버는 그들만의 게임이 되었을 것이기 때문이다. 하지만 부동산은 대한민국에서 가장 선호하는 투자 상품이다. 이 이야기는 그만큼 대중적인 투자수단이라는 것을 의미한다. 돈 없는 사람도 얼마든지 부동산에 투자해 돈을 벌 수 있다. 다시 말해, 1억 원을 가지고도 10억 원짜리 아파트에 투자할 수 있다는 말이다.

» 10억 원 아파트를 사려면 돈이 얼마나 필요할까? 10억 원일까? 1억 원일까?

많은 사람이 집값이 높다고 한다. 신문에서 서울의 아파트 가격이 평균 5억 원이니, 7억 원이니 기사를 보며 조심스럽게 계산을 해본다. 내 연봉이 5,000만 원이니까 10년을 숨만 쉬고 저축해야 아파트를 살 수 있겠구나. 하지만 숨만 쉬고 사는 것은 불가능하니 15년, 20년은 알뜰살뜰 모아야 겨우 5억 원, 7억 원을 모을 텐데 아파트 가격은 더 오를 테니 내 평생 집을 사는 것은 불가능하겠구나 하고. 그렇게 집 사기는 불가능한 것으로 결론을 내버린다.

맞다. 우리가 우리 돈만 가지고 아파트를 사야 한다면 우리는 아마 서울에 평생 아파트 한 채 마련하는 게 어려울 것이다. 아니 어쩌면 이미 우리 월급만으로 서울 아파트를 1채 산다는 것은 불가능한 일이 되어버렸을지도 모른다. 하지만 정말 방법이 없는 것일까?

인류는 예로부터 도구를 사용해왔고, 그 도구는 다른 동물들이 할 수 없는 것들을 오직 사람만이 할 수 있게 해주었다. 그렇다. 도구를 사용하면 불가능한 일도 가능한 일이 된다. 서울의 아파트를 월급을 차곡차곡 모아 산다는 생각은 분명 안전하고 나쁘지 않은 생각이다. 그러나 불가능성이 높다. 인플레이션을 고려하지 않고 단순 계산해도 10년 이상 꼬박 저축해야 하기 때문이다. 하지만 우리가 도구를 이용하여 피라미드를 짓고, 초고층 빌딩을 세웠듯이 도구를 잘 사용하면 10억 원짜리 아파트도 살 수 있는 길이 열린다. 사람들은 이 도구의 이름을 '레버리지Leverage'라고 부른다.

» 내 돈이 아닌 타인의 돈을 활용하라, 레버리지 효과

부동산투자에서 레버리지라는 것은 나의 자본이 아닌 타인의 자본을 말한다. 우리는 아파트를 살 때 은행에 아파트를 담보로 제공해서 대출을 받을 수 있다. 대출을 받을 수 있는 정도는 개인의 신용도, 정부 정책 등에 따라 달라지긴 하지만 상당 부분을 은행에서 빌릴 수 있고 우리는 단지 거기에 대한 이자를 내면 된다. 은행에서 대출을 받는 것 말고도 개인에게 돈을 조달할 수도 있다. 아는 사람한테 돈을 빌리는 것도 하나의 방법이다. 또 우리나라만 있는 '전세 제도'라는 것도 있는데 임차인에게 아파트에 거주할 수 있는 권리를 주고 그에 대한 대가로 돈을 빌리는 것이다.

부동산투자가 가지고 있는 다른 매력은 안정성뿐 아니라 바로 이 레버리지에 있다. 내 자본만으로 투자할 수 있는 대부분의 투자 상품에 비해, 부동산은 은행을 통한 담보대출과 전세금을 잘 이용하면 내 돈 1억 원을 가지고 10억 원짜리 아파트에 투자할 수 있는 새로운 길이 생길 가능성이 높다. 앞서 살펴보았지만 1억 원짜리 투자 상품이 1억 원 오르는 것보다 10억 원짜리 투자 상품이 1억 원 오르는 게 더 빠르다는 것을 떠올려보면 이는 부동산투자가 가지는 엄청난 이점이다. 기본적으로 부동산이 가지고 있는 투자의 안정성을 누리면서, 상대적으로 낮은 수익률을 극대화할 수 있기 때문이다. 그래서 전업으로 부동산투자를 하는 사람은 이 방법을 잘 이용한다.

04.
흐르는 돈을 굳히는
콘크리트 효과

우리가 투자수단을 평가할 때는 크게 안전성, 수익성, 환금성을 가지고 평가한다. 안전성은 손실 가능성, 수익성은 수익의 크기, 환금성은 현금화를 하는데 걸리는 시간을 의미하는데, 주식은 안전성이 떨어지지만 수익성과 환금성은 높고, 부동산은 안전성은 높지만 수익성은 보통, 환금성은 떨어지는 것으로 평가한다. 투자자산의 이러한 차이점은 투자자의 성향에 따라 선호의 차이로 이어진다.

> » **주식투자: 수익이 높고 돈이 빨리 돈다**
> **부동산투자: 안정적이지만 돈이 늦게 돈다**

주식투자를 선호하는 투자자들은 주식투자의 높은 수익률과 환금성을 매력으로 꼽는다. 단기간에 큰돈을 벌 수도 있고, 언제든지 현금화할 수 있는 주식투자는 투자에 대한 손실 위험이 크지만 그

것을 만회할 정도로 매력이 있어서 공격적인 성향을 가진 투자자가 좋아한다. 반면에 부동산투자를 선호하는 투자자는 손실에 대한 공포가 큰 편이다. 그래서 파는 데는 조금 시간이 걸릴 수 있어도 손실에 대한 위험성이 낮은 부동산투자는 많은 사람에게 사랑을 받고 있다. 특히 우리나라에서는 베이비붐 세대가 매우 좋아하는 투자수단으로 손꼽힌다.

자산을 빠르게 현금화할 수 없다는 단점은 투자하는 데 있어서 치명적인 약점이다. 경제위기가 오거나 가격이 급락하는 상황이 벌어지면 부동산이 아예 팔리지 않을 수 있으며, 급하게 돈이 필요한 경우에도 부동산에 돈이 묶여 내 뜻대로 자본을 활용할 수 없기 때문이다. 그런데 아이러니하게도 이러한 부동산의 단점이 자산을 불려 나가는 사람에게 유리하게 작용한다면 어떠한가. 바로 '비환금성의 역설'이다.

» '소비는 심리다', 신용카드를 얼리는 이유

요즘 유통업계는 결제를 조금이라도 더 편하게 만들려는 시도가 한창이다. 과거에는 카드 정보를 입력하고 공인인증서까지 확인을 받아야만 결제가 이루어졌는데 요즘은 간편결제라고 해서 내가 정해놓은 비밀번호를 누르기만 하면 결제가 2초도 되지 않아 이루어진다. 조금이라도 결제를 쉽게 함으로써 사람들의 소비를 늘리려는 시도다.

점점 쉬워지는 결제는 우리의 소비를 극대화하는데 아주 효과적인 방법이다. 기업들이 끊임없이 결제 방법을 단순화하는 이유이다. 우리가 욕구를 빠르게 해결하게 만들수록 사람은 그 욕구를 더 많이 충족시키려 하기 때문이다. 그래서 한때 충동적인 소비를 줄이는 전략으로 신용카드를 얼리는 움직임이 있었다. 내가 가진 신용카드를 플라스틱 백에 넣어서 물과 함께 얼려놓는 것이다. 신용카드를 쓰기 위해서는 얼음을 녹여야 하므로 순간적인 소비 충동으로 발생하는 소비를 막을 수 있다는 것이다.

» 부동산투자가 자산을 모으는데 유리한 이유

부동산이라는 자산이 가지는 비환금성은 마치 신용카드를 얼리는 효과와 비슷하다. 앞서 우리가 주식투자의 사례에서 마젤란 펀드를 살펴보았다. 마젤란 펀드의 투자수익률은 경이로울 정도로 높았지만, 실제 그 펀드에 투자한 투자자 중 절반은 손실을 기록했다는 이야기도 함께 했다. 그리고 그 원인으로 투자자의 단기적 투자 성향을 꼽았다.

주식투자가 가지는 환금성이 자산관리의 측면에서 오히려 독으로 작용한 것이다. 그러나 부동산은 원래부터 환금성이 약한 투자 자산이다. 그래서 투자자가 현금화를 하고 싶어도 어렵다. 아파트를 오늘 사서 내일 판다는 이야기를 들어본 적이 있는가? 부동산은 각종 규제도 많아 장애물도 많다. 하지만 여기에서 비환금성의 역설이 발생한다. 부동산투자의 단점으로 꼽히는 비환금성이 오히려 단기적인 투자성향을 억제하고, 장기적인 투자를 유도함으로써 이익을 실현하는 데 도움을 주는 것이다.

» 강제로 저축하게 만드는 부동산투자

부동산이 다른 투자수단에 비해서 갖는 장점은 이러한 비환금성의 역설뿐만이 아니다. 부동산투자는 우리가 강제적으로 저축을 하게 만드는 효과도 있다. 우리가 부동산을 살 때를 떠올려보자. 기본적으로 매매가가 큰 부동산은 온전히 내 돈만으로 구입하는 것이 쉽지 않다. 그래서 항상 대출이나 전세를 끼고 구매를 하게 되는데 이때 이 타인의 자본이 내 자산을 늘리는 데 도움이 된다. 사람은 기본적으로 위험을 싫어하기 때문이다.

여기서 말하는 위험이라는 것은 부채를 가지고 있음에서 비롯되는 불안함, 두려움 등을 의미하는데 사람들은 이러한 감정에서 하루라도 벗어나기 위해 빨리 부채를 없애고자 노력을 하게 된다. 마이너스인 상태를 빨리 플러스로 바꾸고 싶은 것이다. 그래서 소득이 발생하면 최우선으로 이 부채를 갚고자 노력한다. 부채를 조금씩 갚는 동안, 나의 순 자산은 증가하며 이는 곧 저축하는 것과 같은 효과를 만든다.

부동산의 이러한 효과를 '콘크리트 효과'라고 한다. 콘크리트는 처음에는 액체지만 시간이 지나면서 바위처럼 단단해진다. 쥐도 새도 모르게 사라지는 나의 현금을 부동산에 넣고 부어서 단단한 자산으로 만들어가는 과정이 콘크리트가 굳는 과정과 비슷해서 '콘크리트 효과'다. 젊었을 때 열심히 벌어서 은퇴할 때쯤 되면 집이라도 하나 남길 수 있는 것도 이 효과 덕분이다. 열심히 벌어서 부동산 부채를 갚아나갔기 때문에 온전한 집이라도 한 채 남긴 것이다.

» 교묘해지는 소비의 유혹, 부동산으로 이겨내자

자본주의 사회를 사는 우리에게 주변엔 온갖 소비의 유혹이 가득하다. 우리가 하루에 보게 되는 광고만 하더라도 수천 개가 넘는다. 모두 상품이나 서비스를 소비하라고 말한다. 조금만 눈길을 돌려도 광고가 없는 곳을 찾아보기 어렵다. 온라인 세상이든 오프라인 세상이든 말이다. 이처럼 기업은 수없이 많은 돈을 마케팅에 쏟아붓고 있으며, 마케팅 기법 역시도 나날이 교묘해지고 있다. 편의점에서 자주 볼 수 있는 '2+1' 이벤트 상품만 보더라도 1개만 살 물건을 무려 3개나 사게끔 만들지 않는가.

이뿐만 아니다. '뉴로마케팅'이라고 해서 인간의 뇌를 무의식적으로 자극하여 소비를 촉진하는 연구도 활발히 진행되고 있다. 이제는 우리가 필요해서 소비하는 시대가 아니라 우리가 필요하다고 믿게 만들어서 소비를 일으키는 시대가 된 것이다. 이런 상황 속에서 부동산이 가지는 낮은 환금성과 인간의 본능인 부채에 대한 두려움은 소비를 줄이게 만듦으로써 자산을 형성해 나가는 데 많은 도움을 준다. 많은 사람이 주식 투자로는 성공을 거두지 못하였어도 부동산투자로는 부자가 될 수 있었던 이유다.

05.
적은 돈으로 수익 극대화하기
: 갭투자

많은 사람이 부동산투자를 할 때는 큰 목돈이 필요하다고 생각한다. 그래서 대부분 부동산투자에 관심조차 두지 않는다. 돈이 없어서 부동산에 투자할 수 없다고 생각하는 것이다. 과연 그럴까? 반은 맞고 반은 틀렸다. 소액으로도 얼마든지 부동산투자를 할 방법이 있기 때문이다.

» **내 돈 하나도 들이지 않고 부동산투자가 가능하다고?**

내 돈이 하나도 들지 않고, 혹은 소액으로 부동산투자가 가능하다면 믿겠는가? 이런 투자가 가능한 게 바로 '갭투자'이다. 먼저 갭투자를 이해하기 위해서는 기본적으로 부동산 가격에 대한 이해가 필요하다. 우리나라에는 부동산 가격이 2개가 있다. 하나는 매매가이고 또 다른 하나는 전세가이다. 매매가는 부동산의 판매가격을 의미하고, 전세가는 부동산의 임대가격을 의미한다. 당연히 매매가가 전세가보다 큰 것이 일반적인데, 이때 매매가와 전세가의 차이를 우리는 갭gap이라고 부른다. 부동산투자에서 말하는 갭투자는 바로 이 매매가와 전세가의 차이를 이용한 투자를 의미한다.

예를 들어 매매가가 5억 원이고 전세가가 4억 원인 아파트가 있다고 해보자. 이 아파트를 구입하는데 돈이 얼마나 드는가? 매매가가 5억 원이니 5억 원이 필요하다고 생각하는가? 그렇다면 아직 갭투자에 대해 정확히 이해하지 못한 것이다. 매매가가 5억 원인 이 아파트를 구입하는 데는 내 돈 1억 원이면 충분하다. 왜 그럴까? 내가 5억 원짜리 이 아파트를 계약했다고 해보자. 그리고 이 아파트에 전세를 주는 것이다. 그러면 나는 전세 계약으로 4억 원을 받게 되니 내 돈 1억 원만 있으면 매매대금을 주는 데 전혀 문제가 없다. 그래서 5억 원짜리 아파트를 구입하는데 필요한 돈은 1억 원이다. 이것이 바로 갭투자다.

여기서는 매매가가 5억 원이고 전세가가 4억 원이었기 때문에 필요한 돈이 1억 원이었지만 매매가와 전세가는 물건마다 다르다. 어떤 물건은 매매가가 3억 원인데 전세가가 2억 8천만 원인 것도 있고, 또 어떤 물건은 매매가가 4억 원인데 전세가가 2억 원인 것도 있다. 이럴 경우 각 부동산에 투자하는데 필요한 금액은 모두 달라진다. 이처럼 매매가와 전세가가 어떻게 되느냐에 따라 우리의 투자금액이 정해진다. 어떤 경우에는 1억 원 이상의 돈이 필요한 물건도 있고, 또 어떤 경우에는 내 투자금이 하나도 들어가지 않는 경우도 있다. 매매가가 2억 원인데 전세가 역시 2억 원인 경우는 내 자본을 하나도 들이지 않고 집을 내 것으로 만들 수 있다.

» 갭투자 해서 수익 내는 원리

이러한 갭투자가 어떻게 수익을 가져올까? 갭투자가 수익이 나는 데에는 전세가가 꾸준히 오른다는 전제가 필요하다. 앞서 부동산에는 2가지 가격이 있다고 말했다. 여기서 매매가와 전세가의 차이를 이야기하고 넘어가자. 매매가는 기본적으로 그 집을 필요로 하는 사람에 의해 만들어지는 가격이다. 그 집을 자기 것으로 만들기 원하는 사람이 많아지면 매매가는 더 올라갈 것이고 원하는 사람이 줄면 매매가는 떨어질 것이다.

그러면 집을 자기 것으로 만들기 원하는 사람은 과연 누구일까? 여기에는 두 사람이 있다. 한 사람은 집을 투자의 목적으로 소유하고 싶은 사람, 다른 사람은 집을 거주의 목적으로 소유하고 싶은 사람. 이 두 사람의 소유욕이 커질수록 매매가는 오를 것이고, 소유욕이 줄면 매매가는 내려갈 것이다. 이번에는 전세가를 살펴보자. 전세가는 매매가와 달리 오직 한 사람만이 만드는 가격이다. 바로 그 집에 머무르고자 하는 사람이다. 그 집에 머무르지 않는 사람은 전세 계약을 맺을 이유가 없다. 그래서 우리는 이들을 실수요자라고 부른다.

» 갭투자의 성공 논리: 전세가는 계속 오른다

갭투자는 전세가가 계속 오른다는 것을 전제로 한다. 우리는 1970년대 짜장면값과 2019년의 짜장면 값을 비교하면 그 가격 차이가 크다는 것을 안다. 인건비도 오르고, 재료비도 오르고, 가게임 대료도 오르기 때문이다. 이를 인플레이션, 즉 물가상승이라고 한다. 갭투자를 하는 사람은 이런 물가상승으로 인하여 전세가가 계속 오를 것으로 생각한다. 전세라는 것을 생각해보면 짜장면값과 마찬가지로 내가 이 집에 머무르면서 내는 비용과 같기 때문에 물가상승의 영향을 받을 수밖에 없다고 보는 것이다.

그러면 매매가가 2억 원이고 전세가가 1억 8천만 원인 집이 있다고 가정해보자. 이 집을 내 자본 2천만 원을 들여서 갭투자를 하는 것이다. 그렇게 갭투자를 하고 난 뒤 2년 뒤에 전세가가 2천만 원이 오른다고 생각해보자. 그러면 전세가는 2억 원이 된다. 전세가가 2억 원이 되면 자연스럽게 내가 투자했던 2천만 원이 회수되고, 나는 내 돈을 하나도 들이지 않고 집을 산 것과 같은 결과를 만든 것이다.

또한 전세가가 2억 원이 되었으니 매매가도 올랐을 가능성이 높다. 똑같이 2천만 원이 상승했다고 가정해보면, 2년 만에 내 돈 2천만 원을 들여서 2천만 원을 번 결과를 맞게 된다. 2년 만에 수익률을 무려 100%를 달성한 것이다. 적은 금액으로 이렇게 높은 수익을 달성할 수 있기에 사람들은 갭투자를 하는 것이고, 갭투자의 수익률이 이렇게 높은 이유는 레버리지 효과를 이용하기 때문이다.

» 갭투자 할 때 고려해야 할 사항들

그렇다면 갭투자를 할 때, 주의 사항은 없을까? 갭투자라고 무조건 돈을 버는 필승의 투자법은 아니다. 부동산의 가격은 물가 외에도 부동산 공급, 수요, 개발 호재, 금리 등 다양한 요인에 영향을 받는다. 그래서 전세가가 오히려 하락하는 경우도 심심찮게 볼 수 있다. 그래서 우리는 투자 할 때 늘 주의 해야 한다. 자칫 전세가가 떨어져 전세금을 돌려주지 못하는 상황에 내몰리면 집이 경매에 넘어갈 수도 있기 때문이다. 이런 불상사를 줄이기 위해서 갭투자를 하기에 좋은 아파트를 고를만한 기준은 없을까?

투자의 기준은 사람마다 다르지만, 여기서는 일반적이고 보수적인 기준을 몇 가지 언급하고자 한다.

첫째, 매매가 대비 전세가율이 85%인지 살피자. 매매가 대비 전세가율은 갭투자를 하는 데 있어서 중요한 수치이다. 예를 들어 매매가가 10억 원이고 전세가가 8억 원이면 매매가 대비 전세가율은 80%가 된다. 이 수치가 높으면 높을수록 내 자본이 적게 들어가는 것을 의미하고, 또한 실수요자들이 만든 가격에는 일반적으로 거품이 없다고 보기 때문에 가격이 내려갈 가능성이 낮다. 그래서 매매가 대비 전세가율이 높은 것에 투자하는 것이 유리한데, 그 기준이 85% 이상이 된다면 긍정적으로 검토를 해보아도 좋다.

둘째, 대형 아파트보다는 소형 아파트를 고르자. 일반적으로 대형아파트보다는 소형아파트가 수요가 훨씬 많다. 그래서 소형아파트의 경우는 가격이 잘 내려가지 않는다. 수요자가 많기 때문에 임차인을 구하는 것이 어렵지 않기 때문이다. 하지만 대형아파트의 경우는 소형아파트보다 수요자가 적고, 경제가 어려워질 경우 찾는 수요가 더 급격하게 준다.

셋째, 주변에 공급이 드문 지역을 선택하자. 모든 상품의 거래가 그렇듯 가격은 수요와 공급에 의해서 결정된다. 부동산도 마찬가지다. 내가 투자하려는 지역에 주택 공급량이 많으면 당연히 매매가와 전세가가 내려갈 가능성이 높다. 그러니 투자를 하기 전 이 지역에 얼마만큼의 주택이 더 지어질 수 있는지, 분양 예정인 세대수는 얼마인지 등을 꼭 살피는 게 좋다. 공급량을 확인하는 것만으로도 우리는 투자 위험을 줄일 수 있다.

물론 갭투자를 할 때 고려해야 할 사항은 이것보다 훨씬 더 많다. 여기서는 최소한의 기준을 제시한 것이고, 실제 투자를 할 예정이라면 이보다 훨씬 더 까다로운 기준을 가지고 투자할 대상을 찾아야한다. 갭투자는 자본금이 넉넉지 않은 개인에게 투자의 기회를 늘려주는 좋은 투자 방법이다. 하지만 손실 위험도 분명히 존재하니 투자 전 확실한 조사를 통해 투자리스크를 줄이는 것이 현명하다.

06.

제2, 제3의 월급봉투 만들기
: 수익형 부동산

 의료기술의 발달로 인간의 수명은 점점 길어지는데, 일할 수 있는 정년은 점점 짧아지고 있다. 특히 베이비붐 세대들이 본격적으로 은퇴를 시작하면서, 매달 월세를 받을 수 있는 수익형 부동산에 대한 관심이 높아지고 있다. 은퇴 이후 끊길 근로소득을 대체할 임대소득을 만들기 위해서다.

 기본적으로 수익형 부동산에 잘 투자하기 위해서는 부채를 잘 활용해야 한다. 앞서 이야기했던 좋은 부채와 나쁜 부채를 구분할 줄 아는 것이 수익형 부동산투자에서 성공하기 위한 첫 번째 단추다. 앞서 좋은 부채는 내게 현금을 가져다주는 부채이고, 나쁜 부채는 내게서 현금을 빼앗아간다고 이야기한 바 있다.

 구체적인 사례를 통해 수익형 부동산에 투자하는 법에 대해서 알아보자. 수익형 부동산은 다달이 수익을 가져다주는 부동산을 통칭하는 말이지만 여기서는 대표적인 수익형 부동산인 오피스텔을 가지고 이야기해보겠다.

A 오피스텔이 있다. A 오피스텔의 가격은 3억 원이다. 이 오피스텔의 월세는 50만 원이다. 대출은 최대 2억 원까지 받을 수 있으며 대출 이자는 월 40만 원이라고 하자. 내가 가진 돈은 1억 원밖에 없기 때문에 은행에서 2억 원을 빌려서 매매대금을 마련하고, 이 오피스텔을 월세로 놓아 매달 임대소득을 올리려고 한다. 그러면 내가 투자한 금액은 1억 원이 되고, 은행 대출 2억 원에 대한 이자를 지급하고 나면 월 소득 10만 원이 생기게 된다. 즉, 나는 이 오피스텔에 투자함으로써 연간 1.2%의 수익을 달성하게 된 것이다. 이 투자는 성공인가?

» 수익형 부동산에 투자할 때 살필 2가지 기준

매달 월세 10만 원이 만들어지기 때문에 이 투자를 성공이라고 평가하는 사람도 있을 것이다. 하지만 이 투자는 바람직한 투자가 아니다. 왜냐하면 연 1.2% 수익률은 너무 낮은 수치이기 때문이다. 우리가 은행에 돈을 맡겨도 이와 비슷한 이자수익을 얻을 수 있다.

여기서 우리는 수익형 부동산투자에서 성공하기 위해 반드시 살펴보아야 할 2가지 기준을 알 수 있다. 하나는 "현금흐름이 어떠한가?"이고 다른 하나는 '수익률'이다. 현금흐름 부분에서 우리가 살펴보아야 할 것은 대출이자 비용과 월세 수익의 비교다. 대출을 받고 내야 할 이자 비용이 월세수익과 비슷하거나 더 크다면 그 대출은 나쁜 부채가 된다. 내 주머니에서 돈을 빼가기 때문이다. 따라서 이러한 부동산에는 우리가 투자할 이유가 없다. 임대수익을 기대하고서 수익형 부동산에 투자하는 것인데 이자를 내고 나면 오히려 손해이기 때문이다. 이런 투자는 수익형 부동산투자에서 절대로 하지 말아야 한다.

다음은 수익률이다. 수익률은 높으면 높을수록 좋다. 하지만 수익률이 지나치게 높을 경우에는 '사기'의 위험이 있으니 주의해야 한다. 보통 수익률은 금리의 영향을 많이 받는다. 여기서 금리는 2가지 역할을 하는데 하나는 대출이자에 영향을 주어 임대수익을 결정하는 요인이 되고, 다른 하나는 임대수익률이 높은지 낮은지를 판단할 수 있는 기준이 된다. 은행 금리가 1%라면 부동산 임대수익률이 3%만 되어도 굉장히 성공적인 투자가 될 수 있다. 하지만 금리가 5%라면, 이 부동산투자는 실패한 투자다. 부동산에 투자하는 것보다 은행에 돈을 맡기는 것이 더 높은 수익을 가져다주기 때문이다.

수익률이 금리보다 지나치게 높은 부동산을 만나도 항상 조심해야 한다. 수익률이 높아야 부동산이 잘 팔린다는 것을 알고 있는 부동산 업자가 임대계약서를 거짓으로 작성하여 수익률을 부풀리는 경우가 있기 때문이다. 이 경우, 해당 임대차계약이 끝나면 임차인들이 재계약을 하지 않고 계약 해지를 하고, 다시 새로운 임차인을 들이면 기존의 계약 조건보다 훨씬 낮은 임대료로 계약서를 작성하게 될 것이다. 따라서 보편적인 부동산 임대수익률보다 수익률이 높은 수익형 부동산을 만나게 되면 주변 임대시세를 꼼꼼히 살펴볼 필요가 있다.

» 좋은 수익형 부동산을 고르는 3가지 기준

그렇다면 성공적인 수익형 부동산투자를 위해서 알아두어야 할 기준에는 어떤 것이 있을까?

첫 번째, 직주근접이다. 직주근접은 직장과 집의 거리가 얼마나 가까운가 하는 것이다. 대부분 사람은 아침에 직장으로 출근을 한다. 따라서 사람들의 거주지는 직장에 따라 결정되는 경우가 많다. 특히 직장에서 가까울수록 출퇴근 시간을 절약할 수 있기 때문에, 직장에서 얼마나 가까우냐가 수익형 부동산의 경쟁력을 결정한다.

두 번째, 대중교통의 편의성이다. 월세를 내고 집을 구하는 사람은 대부분 목돈을 모으지 못한 사회초년생인 경우가 많다. 이들은 대부분 대중교통을 이용하기 때문에 대중교통의 편의성이 집을 구하는 중요한 조건 중 하나다. 여기서 대중교통이라고 하면 버스보다는 지하철을 생각하는 것이 좋다. 지하철역으로부터 몇 분 거리에 있느냐가 계약을 맺는데 매우 중요한 요소다. 지하철 노선의 경우 2호선과 9호선이 가장 선호도가 높은 라인으로 손꼽히며, 2개의 지하철역이 교차하는 이중역세권에 위치한 부동산에 투자하는 것이 좋다.

세 번째, 수익형 부동산은 연식이 중요하다. 수익형 부동산의 경우 매달 월세를 지급하며 거주하기 때문에 임차인의 주거기준이 까다로운 편이다. 어디에 있느냐는 기본이며, 방의 크기, 방과 함께 주어지는 옵션과 인테리어는 어떤지 등도 꼼꼼하게 따진다. 따라서 수익형 부동산에 투자할 때에는 지나치게 오래된 건물에는 투자하지 않는 것이 좋다. 15년 이상 된 수익형 부동산에 투자하는 경우, 기본적인 옵션을 바꿔주어야 할 뿐만 아니라, 인테리어도 유행이 지난 경우가 많아 임차가 생각보다 원활히 되지 않을 가능성이 높다. 따라서 수익형 부동산에 투자하는 경우 보통 신축에 투자하는 것이 임대도 잘 되고, 월세도 높게 받을 수 있다.

수익형 부동산에 투자할 때에는 항상 나라면 "비싼 월세를 내고 여기에서 살겠는가?"라는 질문을 해보자. 그러면 투자를 하는 데 있어서 큰 실패는 피할 수 있다.

07.

부동산 할인마트 경매로
부동산 싸게 사기

우리는 보통 집을 사고팔 때 공인중개사무소를 이용한다. 공인중개사무소에선 공인중개사가 집을 사고자 하는 사람과 팔고자 하는 사람을 서로 연결해 거래를 성사시키고자 노력한다. 이처럼 공인중개사무소에 가서 부동산을 사고파는 일은 우리가 부동산을 거래하기 위해 가장 많이 선택하는 방법이다. 그런데 부동산을 사는 방법에는 다른 방법도 있다. 바로 경매다.

» 부동산은 왜 경매에 나올까

우리는 법원에 가서 부동산을 살 수 있다. 법원에서 부동산을 살 수 있다니. 부동산투자를 해보지 않은 사람에게는 조금 낯설 수도 있겠다. 하지만 법원에서는 매달 경매를 진행하고 있으며, 누구라도 경매에 나온 물건을 살 수 있다. 자신이 쓴 가격이 최고가 입찰액이 되어 낙찰된다면 말이다.

그렇다면 법원에서는 왜 부동산을 파는 것일까? 경매는 채무자가 돈을 갚지 않을 경우 국가 공권력을 동원하여 강제로 채무를 갚도록 하는 제도다. 예를 들어, A라는 사람이 있다고 해보자. A는 사업을 하려고 B, C, D, E에게 돈을 빌렸다. 그런데 사업이 생각처럼 잘 되지 않았고 빌린 돈을 갚지도 못하게 되었다. 졸지에 돈을 받지 못하게 된 B, C, D, E는 A가 집을 한 채 가지고 있다는 것을 알고 그것을 팔아서라도 빌려 간 돈을 갚으라고 요구했다. 하지만 A는 들은 체도 하지 않으며 버티고 있다. 이때 B, C, D, E는 법원에다가 A가 채무를 이행하도록 재판을 할 수 있고, 채무를 갚으라는 판결이 떨어지면 A의 집은 경매에 나오게 된다.

» 경매를 통해 집 사면 좋은 점

그렇다면 이렇게 경매에 나온 집을 사면 어떤 점이 좋을까? 법원 경매를 통해 집을 구입하는 경우 가장 큰 장점은 바로 저렴하게 구입할 수 있다는 것이다. 가격이 저렴한 이유는 여러 가지가 있으나 크게 3가지를 꼽을 수 있는데 감정가와 시세의 차이, 권리분석(낙찰자가 경매물건을 낙찰받기 전, 낙찰대금 이외로 인수해야 되는 권리가 있는지 확인하는 절차)의 필요성, 거래의 불편함이 있다.

법원 경매를 통해 나오는 물건들은 감정평가사들이 감정가를 매겨서 입찰이 시작된다. 그런데 아무래도 법적인 절차를 거치다 보니 감정평가사들이 부동산을 감정한 시기와 실제 입찰자들이 입찰하는 시기간의 차이가 발생한다. 특히 이때가 부동산 상승장일 경우에는 실제 시세와 가격 차이가 꽤 벌어지기도 하는데 입찰자는 이러한 가격 차이로 인해 좀 더 저렴하게 부동산을 구입할 수 있는 기회가 생긴다.

또한 경매물건은 채무자의 이행청구로 인한 판결에 의해 입찰이 진행된다. 그래서 관련 권리자의 권리분석을 해야 하는 번거로움이 있다. 대부분의 경우는 낙찰을 받음과 동시에 채무가 소멸하지만, 일부 낙찰자에게 책임이 따르는 경우가 있으니 반드시 권리분석을 해야 한다. 이러한 권리분석의 어려움이 진입장벽으로 작용하여 조금 더 저렴하게 구매할 기회가 만들어진다.

마지막으로는 거래의 불편함이 있다. 우리가 공인중개사무소에 가서 부동산을 거래하면 언제든지 집도 살펴볼 수 있고, 원하는 날짜에 계약할 수도 있다. 하지만 법원경매는 이처럼 자유롭지 않다. 집 안을 보기도 어렵고 정해진 날짜와 시간에만 입찰할 수 있기 때문에 시간이 맞지 않으면 입찰참여도 할 수가 없다. 또 힘들게 낙찰을 받더라도 바로 집에 들어가서 살 수도 없으며, 집에 큰 하자가 있어서 수리 비용이 발생할 수도 있다. 이처럼 법원경매를 통해 집을 산다는 것은 여러 가지 불편한 점이 있다. 하지만 이런 불편함이 있기 때문에 법원경매는 가격이 일반적인 거래보다 저렴하게 살 수 있다. 그래서 많은 사람이 법원경매를 노리고 있다.

» 경매에 나온 물건은 어떻게 볼 수 있을까

조금이라도 가격을 저렴하게 사고자 경매에 입찰하기로 하였다. 그렇다면 경매에 나온 물건들은 어떻게 알 수 있을까? 유료 혹은 무료로 정보가 제공되는 경매정보사이트들이 많이 생겼지만 가장 정확한 것은 정부에서 운영하는 대한민국 법원 법원경매정보(www.courtauction.go.kr)에서 확인하는 것이다. 사이트에 들어가서 살펴보면 지역별, 용도별로 많은 사람이 관심을 두고 있는 물건 등을 쉽게 찾아볼 수 있고, 구체적인 물건에 대한 감정평가서와 감정가, 현황 등을 살펴볼 수 있다.

여기서 현재 경매에 나온 물건들을 찾은 다음, 마음에 드는 물건이 있다면 조사를 해야 한다. 감정평가서가 있긴 하지만 앞서 이야기한 바와 같이 시차가 존재하기 때문에 현재와는 다른 경우가 많다. 따라서 마음에 드는 물건이 있다면, 해당 물건이 있는 곳에 직접 가서 조사해야 한다. 해당 물건의 외관이라도 살펴보고, 주변 공인중개사무소에 들러서 매매가와 전세가 같은 시세를 조사하는 것은 필수다. 또한 주변 환경 역시 살펴보아야 하는데 대중교통, 학교, 편의시설 등은 꼭 확인해야 한다. 전반적인 시세도 파악하고, 물건도 마음에 든다면 남은 것은 입찰가를 결정하는 것인데, 입찰가를 결정할 때는 내가 원하는 가격을 적는 것이 중요하다.

무슨 얘긴가 하면 입찰을 했다가 낙찰에 실패하는 경우를 몇 번 겪다 보면, 낙찰받는 것이 주된 목적이 되어 가격을 높이기 쉽다. 그러다 보면 시세와 거의 근접하게 입찰가를 쓰게 되는데, 이러면 법원경매를 통해 물건을 사는 의미가 사라진다. 싸게 사기 위해서 여러 가지 번거로움을 거쳐 가며 법원 경매를 통해 부동산을 사는 것인데 제값을 다 주고 살 것이라면 공인중개사무소에 가서 편하게 거래하면 되기 때문이다. 또한 실내를 확인해보기 힘든 상황에서 낙찰을 받은 뒤에 큰 하자라도 발견된다면 추가 비용이 들어가 오히려 시세보다 더 비싸게 살 가능성도 생긴다. 따라서 이점을 고려해서 입찰가를 결정해야 한다.

내가 적은 가격이 가장 높은 가격이 되어 낙찰을 받으면 마지막으로 명도라는 단계가 남아있다. 명도라는 것은 해당 부동산에 대한 권리를 취득하였으므로 이제 물건을 넘겨받는 것을 의미하는데 이 단계가 조금 어려울 수 있다. 물론 대부분 원활한 합의를 통해서 명도가 이루어지지만, 일부 사람들은 돈이 없다는 이유로 명도를 하지 않는 경우가 있다. 이때는 법원에 명도소송을 해 강제집행을 할 수 있다. 이렇게 내가 이 집에 발을 들여놔야 서류상 뿐만이 아니라 진짜 내 부동산이 된 것이다.

과거에는 경매를 통해 부동산을 구입하는 것에 대해 굉장히 부정적인 인식이 강했다. 집을 헐값에 사서 살기 어려운 사람들을 내쫓는다는 이미지가 강했기 때문이다. 하지만 부동산 법원경매가 굉장히 대중화되면서 요즘은 그렇지 않다. 실제로 경매가 이루어지는 법정에 가보면 할아버지부터 아이 엄마까지 다양한 사람들이 모두 입찰에 참여하고 있다. 따라서 부동산투자를 한다면 경매는 반드시 공부를 해두는 것이 좋다. 같은 물건을 조금 더 저렴하게 구할 기회를 스스로 포기할 이유는 없다.

제7부

지금, 여기에서
진짜 자유 얻기

01.
오직 나만 할 수 있다
: 대체불가능성

19, 20세기에 주목받던 인재는 시키는 일을 잘하는 사람이었다. 회사에서 무리한 목표를 제시하면 그 목표를 달성하기 위해서 부단히 노력하는 사람. 그리고 끝내는 그 목표를 달성하는 사람. 그런 사람이 인정받았고 승진했다. 그래서 우리들의 부모님들은 회사에 충성했고, 무슨 일이 있든지 가정보다는 회사 일이 늘 먼저였다. 당연히 회사는 그런 직원이 오래 일할 수 있도록 해주었고, 직원들은 '회사에 충성'이라는 신념을 잃지 않고 더 열심히 일했다.

하지만 이 관계는 오래가지 못했다. 첫 직장이 평생직장이라는 암묵적인 고용 관계에 금이 가기 시작한 것이다. 경제가 어려워지면서 기업은 더 성장하지 못했고, 물건은 팔리지 않았다. 비용을 줄이지 않으면 생존이 어려워진 기업들은 가장 먼저 가족 같던 직원들을 정리하기 시작했다. 아직 정년이 차지 않은 사람들을 대상으로 약간의 위로금을 주고 명예퇴직을 시켰고, 더 상황이 어려운 기업은 권고사직을 포함한 대대적인 구조조정에 들어갔다.

오직 회사만 믿고 헌신하던 직원은 한순간에 직장에서 쫓겨났고, 더 이상 사람들도 한 기업에 오래도록 다닌다는 믿음을 갖지 않았다. 이제 직원들은 막연히 회사 일을 열심히 하는 것만으로는 부족했다. 회사가 조금만 어려워지면 자신의 생존이 위협받는다는 것을 깨달은 사람들은 자신만의 무기를 갖기 위해 노력하기 시작했다. 자기계발을 하기 시작한다거나 샐러던트(샐러리맨과 학생의 합성어, 공부하는 직장인)라는 말이 나오기 시작한 것도 이 무렵이었다. 사람들은 언제 있을지 모르는 구조조정에 대비해 자신만의 경쟁력 만들기에 들어갔고, 남과 다른 무언가를 가지고자 부단히 노력했다. 그들이 그토록 가지려고 노력했던 무기는 바로 '대체불가능성'이었다.

» 기업의 시스템을 이기는 개인의 대체불가능성

기업의 입장에서 조직 내 한 사람의 영향력이 엄청나게 커지는 것은 부담이 될 수밖에 없다. 100명이 일하는 조직에서 1명의 성과로 인해 그 조직의 연간 매출과 수익이 좌지우지되면 기업으로서는 큰 리스크가 되기 때문이다. 그 직원이 일을 안 한다거나, 갑자기 퇴사를 하면 그 회사의 존립 자체가 위태로워진다. 그래서 기업은 늘 누가 나가도 회사의 운영에는 문제가 없도록 시스템을 통해 회사를 경영해나간다. A라는 사람이 나가더라도 정해진 메뉴얼을 통해 B

를 가르치면 금방 A의 업무를 대신할 수 있도록 말이다.

하지만 이러한 시스템은 개인의 입장에서는 큰 리스크가 된다. 내가 하던 업무를 금방 누군가가 할 수 있다는 것은 곧 언제든지 내가 없어지더라도 회사의 운영에는 아무런 문제가 없음을 의미하기 때문이다. 그래서 개인은 오직 나여야만 하는 힘, 대체불가능성을 가져서 자신을 보호하고자 한다.

대체불가능성은 조직에서 뛰어난 인재가 되기 위해서 반드시 갖춰야만 하는 특성 중 하나다. 나는 가지고 있지만 다른 사람은 가지지 못한 것을 의미하기 때문이다. 이런 대체불가능성을 갖는 방법은 남들과 다른 '차별화'를 함으로써 만들어지는데 "나는 남들과 무엇이 다른가?"라는 질문에 대한 답이기도 하다. 이해를 돕기 위해서 상품으로 이야기를 해보자.

내가 우산을 사려고 한다. 수많은 우산이 존재한다. 커다란 장대 우산, 조그맣게 접히는 3단 우산, 색깔이 알록달록 들어간 무지개색 우산, 바람에도 쉽게 접히지 않도록 설계된 우산 등등. 지금은 우산마다 특징이 다르지만, 처음부터 우산의 종류가 이렇게 많았던 건 아니다. 우산이 부족하던 시기에는 비닐로 우산을 만들어도 불티나게 팔렸다. 그런데 사람들이 점차 우산을 하나씩 갖게 되고 더 이상 우산이 부족하지 않은 상황이 오자 비닐우산은 팔리지 않았다. 이미 비닐우산이 있기 때문이다. 그래서 기업들은 기존의 우산과 똑같이 만들면 생존할 수 없었다. 다른 우산을 만들어내야만 사람들에게 우산을 팔 수 있었다.

비닐우산보다 더 튼튼한 우산이라든지, 비닐우산보다 더 예쁜 우산, 비닐우산과 비교해 뭔가가 다른 우산을 만들기 시작했다. 조금씩 차별화를 한 것이다. 그렇게 각기 다른 우산들을 생산하면서 기존에 우산을 가지고 있는 사람에게도 우산을 팔 수 있게 되었고, 다른 공장에서 만들지 못하는 우산을 만드는 기업은 그 우산을 독점함으로써 자신의 이익을 보호받을 수 있었다. 그 우산을 원하는 소비자는 그 기업의 우산을 사야만 했으니까. 결국 다른 기업이 따라 만들 수 없는, 대체 불가능한 우산을 만든 기업은 계속해서 우산을 팔면서 살아나갈 수 있게 된 것이다.

사람도 마찬가지다. 처음에는 남들이 하는 만큼만 해도 회사에 오래 다닐 수 있었다. 일을 열심히 하면 하는 대로 물건이 잘 팔리고 기업이 성장했기 때문이다. 하지만 더 이상 기업이 성장하지 못하자 기업 입장에서는 사람을 줄여야 했고, 이 상황에서 결국 기업은 누구를 내보낼 것인가를 선택해야 했다. 이때 선택되는 사람은 당연히 이 사람이 없어도 기업에는 영향이 없는 사람이다. 반대로 생각하면, 내가 하는 일을 그 누구도 대신할 수 없게 된다면, 기업 입장에서는 나를 정리하기 어렵다는 의미다. 그래서 대체불가능성은 개인이 가질 수 있는 최고의 경쟁력이다.

대체불가능성을 지닌 사람을 우리는 주변에서 쉽게 찾아볼 수 있다. 우리가 미디어를 통해 많이 접하는 연예인이 그 예다. 국민

MC로 손꼽히는 유재석 씨를 떠올려보자. 화려한 말솜씨와 선한 이미지, 남을 편하게 하는 진행은 그 누구도 따라갈 수가 없다. 그 결과 유재석 씨는 수없이 많은 연예 대상 트로피를 손에 쥐었고, 누구보다 높은 몸값을 받으며 방송에 출연하고 있다.

우리는 유재석 씨처럼 대체불가능성을 지녀야 한다. 그래야 나의 가치를 제대로 인정받을 수 있을 뿐만 아니라 나를 보호할 수 있다. 하지만 여기서 우리가 정확히 알아야 할 게 있다. 대체불가능성이란 남들보다 더 낫게 하는 데서 오는 것이 아니라는 것이다. 대체불가능성은 남들과 다르게 하는 데서 온다. 더 낫게 하려는 노력이 아니라 다르게 하려고 노력할 때 우리는 비로소 대체불가능성을 가질 수 있다.

하지만 대부분의 경우는 더 낫게 하려고 노력을 하면서 남들과 다른 존재가 되고 있다고 생각한다. "남들은 토익점수가 900점인데 나는 토익점수가 950점이니 남들과 달라"라고 생각한다. 하지만 이 차이는 남들과 다른 게 아니다. 남보다 조금 나은 것뿐이다. 남들과 다른 경쟁력이라는 것은 남이 다 토익점수를 올리려고 애를 쓰고 있을 때, 중국어 공부를 하는 것이다. 회사 내에서 중국어를 할 줄 아는 사람이 나만 있다면, 나의 토익점수가 남보다 조금 뒤처지더라도 걱정할 필요가 없다. 내가 회사에 없다면, 회사에서 중국어를 할 사람이 필요한 경우 이를 대신할 사람이 없기 때문이다. 이것이 바로 남들과 다른 차별화다. 우리에게 필요한 능력은 바로 이러한 능력이다.

여기서 중요한 것이 있다. 남들과 다르다고 해서 모두가 경쟁력이 되는 것은 아니다. 내가 처한 환경, 내가 속한 시장에서 필요로 하는 연관 능력을 키우는 게 중요하다. 나 혼자 '세계에서 극소수만이 사용하고 있는 외국어'를 알고 있다고 해서 대체불가능성을 얻는 것은 아니라는 의미다. 그러니 대체불가능성을 얻고자 한다면, '희소성'과 '시장성'을 모두 살펴보자. 희소성과 시장성을 확보한 능력은 불안한 시대에 나를 지키는 강력한 무기가 될 것이다.

02.

내 시간을 벌어다 주는
'소극적 소득'

우리가 버는 소득에는 크게 2가지 소득이 있다. 하나는 적극적 소득이고 다른 하나는 소극적 소득이다. 적극적 소득이라고 하면 우리가 시간을 들여서 버는 소득을 말하고, 소극적 소득은 우리의 시간과 관계없이 벌어들이는 소득을 의미한다. 이 둘을 가르는 중요한 기준은 "내 시간이 투입되는가, 투입되지 않는가"다.

» 인생 = 노동시간 + 비노동시간

우리의 삶은 시간으로 이루어져 있다. 우리는 우리에게 주어진 상당히 많은 시간을 일하며 보낸다. 1주일만 보더라도 주 5일은 회사에 나가며, 일과를 보더라도 대부분 회사에서 보내는 시간이 많다. 집에서는 휴식이나 잠을 잘 뿐이다. 우리의 삶을 단순화해 생각해보면, '삶 = 노동시간 + 비노동시간'으로 이야기해볼 수 있다. 일하는 시간과 일을 하지 않는 시간으로 삶을 나눈 것이다. 이 둘을 합치면 우리의 일생, 즉 삶이 된다.

노동시간과 비노동시간은 이렇게 생각할 수도 있다. 노동시간은 우리가 돈을 벌기 위해서 쓰는 시간이고, 비노동시간은 자유롭게 무언가를 할 수 있는 시간으로 말이다. 그러면 이제 우리는 우리 삶에서 어떤 시간을 늘리고 어떤 시간을 줄여야 하는지 알 수 있다. 노동시간을 줄이고 비노동시간을 늘리는 게 중요하다. 그래야 내가 하고 싶은 것을 할 수 있는 시간이 늘어난다.

하지만 우리가 이런 사실을 알면서도 비노동시간을 늘리지 못하는 것은 우리가 노동시간을 줄이면 소득도 줄어들기 때문이다. 소득이 줄어들면 우리가 할 수 있는 것도 줄어든다. 더 나아가 소득 자체가 아예 없다면 생존 자체가 불가능하다. 그래서 우리의 시간이 들지 않는 소극적 소득이 필요하다.

» 소극적 소득을 만들기 위해 필요한 2가지

그렇다면 소극적 소득을 늘리기 위해 필요한 건 무엇일까? 바로 돈에 대한 공부와 시스템이다. 돈 공부에 대한 이야기는 앞서 하였으니 여기서는 시스템에 대해 이야기를 하도록 하자. 소극적 소득을 만드는데 있어, 돈 공부만큼이나 중요한 것이 바로 시스템을 만드는 것이다. 시스템이라는 것은 내가 일하지 않아도 자동으로 나에게 돈을 가져다주는 것을 말한다. 우리가 돈에 대해 공부를 하는 것도 이러한 시스템을 만드는 데 도움이 되기 때문이다. 이러한 시스템을 한번 갖추어 놓으면 우리는 일하지 않고도 소득을 얻을 수 있다.

우리가 흔히 경제적 자유를 이뤘다고 말하는 사람들은 돈에 대해 공부를 해서 자신만의 시스템을 만든 사람들이다. 자신이 스스로 돈을 벌지 않아도 시스템이 소득을 가져다주기 때문에, 자유를 얻을 수 있는 것이다. 즉 내가 나의 시간을 노동에 들이지 않아도 소득이 들어오기 때문에 나는 노동시간을 모두 비노동 시간으로 사용할 수 있게 된 것이고, 또 그렇게 노동을 하지 않더라도 삶을 살아가는데 아무 문제가 되지 않는 것이다. 갑자기 시스템이라고 표현을 하니 조금 막연하게 느껴질 수 있다. 하지만 시스템이라는 것은 낯설거나 어려운 개념이 아니다.

아주 쉬운 예를 살펴보자. 우리가 흔히 살펴볼 수 있는 자판기다. 자판기는 한번 설치해놓으면 내가 시간을 투입하지 않아도 돈을 벌어다 준다. 가끔 음료수가 다 떨어지면 채워 넣는 정도의 일만 해주면 된다. 자판기 하나 설치해봐야 얼마나 번다고 생각할지 모르겠다. 물론 자판기 한 대는 수입이 적을 수도 있다. 하지만 자판기가 1대가 아니라 10대, 100대, 1,000대라면 어떤가? 1,000대라면 결코 무시할 수 없는 수입을 내게 가져다줄 것이다. 자판기 1,000대가 나에게 현금을 가져다주기 위해서 오늘도 음료수를 팔고 있는 모습을 상상해보라.

자판기 말고 조금 더 그럴듯한 예를 하나 더 살펴보자. 바로 프랜차이즈다. 맥도날드와 같은 기업을 떠올리면 된다. 맥도날드도 처음에는 매장 하나로 시작했다. 이때는 내가 직접 햄버거도 만들고, 매장 정리도 해야 하므로 시스템이 아닐 수도 있다. 하지만 이런 매장이 10개, 100개가 넘어가고 가맹사업으로 전환되기 시작하면 이때부터는 맥도날드 프랜차이즈 시스템이 된다. 내가 직접 매장을 관리하지 않아도, 가맹점주들에게 브랜드, 물류, 매뉴얼을 제공함으로써 소득을 만들어내는 것이다.

자판기와 맥도날드의 사례를 살펴보면, 시스템에는 2가지 조건이 충족되어야 하는 것을 알 수 있다. 하나는 시간의 법칙이고 다른 하나는 규모의 법칙이다. 시간의 법칙이라는 것은 나의 시간이 사업으로부터 분리되어야 하는 것을 의미한다. 내가 사업에 매달려서 나의 시간을 쓰고 있다면 그것은 자동 시스템이 아니다. 내가 시간을 쓰지 않아도 자동화 기계처럼 스스로 돌아가는 시스템이 우리가 만들어야 할 시스템이다. 나 대신 시스템이 일함으로써 나의 노동시간을 줄일 수 있기 때문이다.

시간의 법칙과 함께 우리가 알아야 할 것은 바로 규모의 법칙이다. 시스템은 어느 정도 이상의 규모가 되지 않으면 시스템의 역할을 제대로 수행하지 못한다. 나의 노동시간을 줄이고 비노동시간을 늘리기 위해서는 시스템에서 일정 소득 이상이 만들어져야 한다. 그 규모가 커지면 커질수록 나의 노동시간이 줄어들 가능성이 커진다. 자판기의 사례를 살펴보자. 자판기를 1대만 운영한다면 음료수를 채워 넣는 일에 신경을 쓰느라 오히려 노동시간이 늘어날 수 있다. 하지만 50대, 100대, 1,000대를 운영한다면 거기서 창출되는 수입도 증가하지만, 음료수 채우는 일을 할 사람을 고용해 나를 자판기 사업으로부터 완전히 분리하는 게 가능하다. 이처럼 시스템에는 일정 규모가 필요하다.

» 적극적 소득과 소극적 소득: 누가 이기는가

적극적 소득과 소극적 소득. 사실 무엇이 좋고 나쁜지는 개인마다 판단이 다를 수 있다. 자신이 하는 일을 통해서 행복을 느낄 수도 있기 때문이다. 하지만 나는 소극적 소득이 적극적 소득보다 좋은 이유를 단순히 '자유'에서만 찾는 것은 아니다. '지속 가능성'이라는 측면에서 살펴보아도 우리는 소극적 소득을 추구해야 한다.

적극적 소득과 소극적 소득의 상황은 물을 떠 오는 방법에 비유할 수 있다. 내가 직접 물동이를 이고 물을 떠 온다고 상상해보자. 크기가 큰 물동이를 머리에 올릴수록 나는 가치가 있고 능력 있는 사람이다. 내가 떠오는 물의 양이 많기 때문이다. 하지만 나는 계속 물을 떠 와야 한다. 비가 오든, 눈이 오든 내가 직접 물동이를 이고 물을 떠 오지 않으면 안 된다. 사람들로부터 인정은 받지만, 물동이를 이고 다니는 고된 노동은 계속된다.

소극적 소득은 물동이를 이고 다니지 않는 방법을 만드는 것이다. 수도관을 설치해서 마을까지 물을 끌어오는 것도 하나의 방법이다. 파이프를 한번 설치해놓으면 마을 사람 그 누구도 물을 뜨러 가지 않아도 물을 마음껏 이용할 수 있다. 물을 이고 다니는 고된 노동으로부터 해방되는 것이다. 파이프가 설치되기 전과 후의 삶을 비교하면 당연히 설치된 후가 훨씬 더 편안하고 행복하다는 것을 우리는 알고 있다.

물론 비가 오나 눈이 오나 직접 물동이를 이고 마을 사람들에게 물을 나눠주며 행복을 느끼는 사람도 있을 것이다. 하지만 우리가 나이가 들어서도 계속 일을 할 수 있을까? 죽을 때까지 일하면서 행복하게 사는 것이 얼마나 실현 가능한 일일까? 우리의 몸은 시간이 지남에 따라 점점 노쇠해지고, 결국 우리는 일을 못 하게 되는 날이 온다. 그래서 나는 소극적 소득을 만들어 놓는 것은 적극적 소득을 통해 행복을 느끼는 사람에게도 중요하다고 생각한다. 소극적 소득이 있다고 해서 적극적 소득을 얻지 말라는 법은 없기 때문이다.

그래서 우리는 소극적 소득에 관심을 가져야 한다. 적극적 소득을 늘리는 전략보다는 소극적 소득을 늘리는 방법을 연구하고 하나하나 만들어갈 때 비로소 우리의 삶은 고된 노동으로부터 해방되고 훨씬 더 행복하고 안락해질 것이기 때문이다.

03.

'주'님의 시대가 온다, '소유권'

판사, 검사, 변호사, 의사, 치과의사, 한의사......

우리나라에서 사람들이 가장 선망하는 직업들이다. 모두 다 '-사'로 끝나서 '사'자 직업이라고 불리기도 한다. 이들 직업을 가진 사람은 부는 물론 명예와 권력까지 가지기도 한다. 그래서 대한민국 사회에서 이들 직업은 타 직업보다 굉장히 선호도가 높은 직업이다. 대한민국 학부모라면 자신의 자녀들을 명문대학교에 진학시켜 저 '사'자 직업들을 갖게 하는 것이 본인 삶의 목표인 경우도 많다. 명문대학교를 졸업하고 '사'자 직업을 가지게 되면, 이른바 출세가도를 달릴 수 있기 때문이다.

» **여전히 '사'님의 시대?**

'사'자 직업에 대한 평판은 결혼 시장에서 특히 도드라진다. 과거

엔 '사'자 직업을 가진 남자와 결혼하기 위해서는 '열쇠'를 3개 가지고 가야 한다는 말도 있었다. 집 열쇠, 차 열쇠, 개업할 사무실 열쇠. 이 3개의 열쇠를 가지고 갈 정도로 '사'자 직업의 가치는 결혼 시장에서 굉장히 높다.

사실 이들 직업은 다른 국가에서도 지위와 대우가 좋은 직업이긴 하지만 특히 우리나라에서 독보적이다. 미국의 경우 프로그래밍 개발자나 통계학자, 기업가 등 시대 변화에 따라 직업의 선호도가 바뀌는데 우리나라에서는 '사'자 직업의 인기가 유독 떨어지지 않는다.

아마도 그 이유는 우리나라의 문화 때문이라고 짐작된다. 유교 문화권의 영향을 받은 우리나라는 예로부터 '사농공상'이라고 하여 '사(학자)'를 최고로 치고 '공(장인)'이나 '상(상인)'을 천시했다. 서구 유럽권의 경우 일찍부터 산업화가 진행되면서 기업가나 '상'행위에 대해 인식이 좋지만, 우리나라에서는 '장사치'라는 말이 있을 정도로 비하하는 경향이 강했다.

» 조선시대에서 자본주의 시대로: 흔들리는 사농공상의 입지

이젠 조선시대가 아니다. 유교의 시대는 막을 내렸다. 오늘날 우리나라는 이제 서구와 같이 '자본주의' 사상을 받아들였고 서서히 변화하고 있다. 즉, 시대가 바뀌고 있고, 지금까지 흔들리지 않던 '사'의 가치가 점점 떨어지고 있다는 이야기다.

실제로 로스쿨 제도가 도입된 이후로 매년 1,500명 이상의 변호사가 배출되고 있다. 그러다 보니 변호사의 수입이 예전 같지 않다. 법률의 메카라고 불리는 서울 서초동 변호사 사무실에 들어가지 못하는 경우도 많고 변호사 자격증을 가지고 일반 대기업에 입사하는 경우도 많다. 과거에는 변호사 자격증을 가지고 대기업에 입사하면 '과장' 대우를 해주었지만 지금은 이와 같은 대우를 받기 힘들다.

의사, 한의사, 치과의사 역시 마찬가지다. 고령화 사회로 인해 의료서비스에 대한 수요는 점점 증가하고 있지만 대부분 서양의학에 대한 선호로 인해 한의학은 설 자리를 잃고 있으며 치과의사 역시 지속해서 숫자가 증가함에 따라 새로 배출되는 치과의사가 개원할 자리를 찾는 데 어려움을 겪고 있다. 기존에 위치가 좋은 곳들은 이미 먼저 배출된 치과의사가 선점하고 있기 때문이다. 이에 따라 막대한 장비 임대료와 사무실 임대료의 부담, 경쟁의 심화로 개인회생 신청을 하는 의사가 늘고 있다.

상황이 이렇다 보니 '사'자 직업을 가진 남자와 결혼하려면 열쇠 3개를 가지고 가야 한다는 말은 이제 옛말이 되었다. 이제는 '사'자 직업을 가져도 그 남자가 개천에서 난 용이면 결혼 시장에서 배우자 선호도가 떨어지기 시작했다. 과거에는 유교 사회의 영향으로 돈보다는 신분, 명예, 지위 등의 가치가 높았기 때문에 '사'자 직업에 대한 평가가 높을 수밖에 없었다. 그래서 사법연수원에서 높은 성적을 받은 사람은 로펌을 가기보다는 판사나 검사를 지망하는 비율이 훨씬 더 높았다. 돈보다는 사회적 위상이나 명예 등을 더 중요하게 생각했으니 말이다.

하지만 유교 사회에 자본의 논리가 점점 침투함에 따라 사람들의 생각이 달라지기 시작했다. 공부하는 직업보다 '돈'을 중요하게 생각하는 실리를 따지기 시작한 것이다. 자본주의 사회에서는 '사'자 직업들이 타 직업보다 경쟁력이 있는 이유는 오직 딱 하나다. 높은 진입장벽을 통해 종사 인원수를 제한함으로써 자신들의 지위를 유지하고 지키는 것이다. 그런데 여기에 신자유주의 논리가 들어서면서 무한 경쟁이 시작되었다. 서로 경쟁을 시켜 최상의 서비스를 저렴한 가격으로 소비자에게 제공한다는 시장 논리 앞에서 '사'자 직업들이 누리던 기득권은 붕괴하기 시작했다. 물론 기득권이 붕괴하는 만큼 위상도 서서히 떨어졌다.

자본주의 사회에서는 '사'라고 해서 특별히 더 높은 가치를 쳐주는 것은 없다. 오로지 자본의 측면에서 모든 가치를 평가할 뿐이다. 그래서 요즘은 명문대학교의 우수한 인재가 스타트업에 뛰어들기도 하고 학원 강사가 되기도 한다. 과거만 해도 명문대학교를 졸업하고 사업을 하겠다고 하는 것은 부모님 억장을 무너뜨리는 일이었다. 부모님이 두 손 들어 환영하는 진로는 "고시를 보겠다"라는 말이었다. '사'자 직업에 대한 선호도가 굉장히 높았으니 말이다. 학원 강사도 마찬가지다. 과거에는 명문대학교 나와서 사교육을 이용하여 학벌 장사를 한다는 인식과 함께 제대로 자리 잡지 못한 졸업생이 선택하는 진로 중 하나였다. 하지만 지금은 스타 강사들이 나오고 이들이 몇십억의 수익을 벌어들이자 스타강사를 꿈꾸는 학생이 점점 늘어나고 있다.

» 기존 룰을 거부하고 주체적으로 생각하기 = 부자 되기

이처럼 사회가 변했다. 자본주의 사회에서 거의 모든 것을 해결할 수 있는 돈의 가치가 그 어떤 시대보다도 점점 중요해지고 있다. 이러한 시대의 변화에 따라, 나는 '사士'의 시대가 끝나고 있음을 선언한다. 그리고 이제 새로운 시대가 열리고 있음을 말한다. 바로 '주主'의 시대다.

여기서 '주'란 주인을 뜻하는 주主다. 창조주, 조물주, 건물주, 주주, 소유주와 같은 단어에 쓰는 글자다. 자본주의 사회에서는 개인의 소유권을 중요하게 생각한다. 인간이 개인의 욕심을 바탕으로 자본을 가장 효율적으로 사용할 것이라는 믿음이 있기 때문이다. 개인에게 소유권이 주어질 때, 인간의 욕망이 주어진 자원을 가장 잘 활용할 것이라고 자본주의는 생각한다.

그리고 이러한 소유권에서 바로 '주'가 탄생한다. 책의 주인, 물컵의 주인, 자동차의 주인, 건물의 주인, 가게의 주인, 선박의 주인, 비행기의 주인 등. 존재하는 모든 것에는 주인이 있다. 심지어는 눈에 보이지 않는 특허나 지적재산에도 주인이 있다. 자본주의 사회에서는 이렇게 수많은 주인이 살고 있다. 그리고 이러한 주인이 되는 것이 자본주의 사회에서는 매우 중요하다.

근대 이전의 사회가 계급을 통해 운영되던 사회였다면 근대 이후의 사회는 계약을 통해 운영되는 사회다. 근대 이전에는 계급에 따라 자신의 직업이 분류되고 사회적 역할이 정해졌지만 근대 이후의 사회에서는 계약에 따라 자신의 직업과 사회적 역할이 정해진다. 예를 들어, 내가 A라는 기업에 근로계약을 맺으면 A 회사의 직원이 되는 것이고, B라는 기업과 납품 계약을 맺으면 B 회사의 협력회사가 된다. 이처럼 근대 이후의 사회는 내가 어떤 계약을 맺느냐에 따라 나의 직업과 역할이 정해지는 계약사회다.

이런 계약은 자유의지를 바탕으로 대등한 관계에서 맺어지는 것이 원칙이지만 상황에 따라 어느 쪽에게 유리하고, 다른 쪽은 불리한 계약을 맺게 될 때도 있다. 이때 유리한 입장에서 계약을 맺을 가능성이 높은 쪽이 자본주의 사회에서는 주인이다. 주인이 아닌 자는 불리한 입장에서 계약을 맺을 가능성이 크다.

자본주의 사회에서 회사의 소유권은 주식으로 나타난다. 그리고 주식을 가진 주인을 우리는 주주라고 부른다. 즉 회사의 주인은 주주인 것이다. 주주는 자신이 소유한 주식의 비율만큼 기업의 의사결정권을 가지고, 자연스럽게 주식을 많이 보유한 대주주가 가장 큰 의사결정권을 갖는다. 기업의 의사결정을 혼자 할 수 있을 정도로 많은 주식을 소유한 주인을 우리는 오너 또는 회장님이라 부른다.

어찌 되었든 주주들은 회사를 이끌 직원을 채용한다. 기업 경영의 결정권을 행사할 수 있는 사장부터 시작해서 신입사원까지 모두 주주가 채용한다. 실제로는 기업의 인사팀에서 채용 절차를 진행하고 신입사원을 뽑지만, 이들에게 급여를 주는 것은 주주이기 때문에 주주를 대신해서 인사팀에서 채용 절차를 진행하고 있을 뿐이다. 신입사원이나 인사팀 직원이나 급여를 받는 직원인 것은 마찬가지다. 그렇게 선발된 회사의 직원은 회사의 이윤을 창출하기 위해 열심히 일한다.

상품을 개발하고, 홍보하고, 판매하여 기업이 흑자를 내도록 노력한다. 그렇게 기업에서 이익을 내면 그 이익을 바탕으로 직원에게 급여나 기업을 운영하는데 들어간 각종 비용을 준다. 모든 비용을 제하고도 기업의 이익이 남으면 그것을 이익잉여금이라고 하는데 이 이익잉여금은 주주의 몫이다. 주주는 이 이익잉여금을 배당하여 자신들이 나누어 가질 수도 있고, 기업의 경쟁력을 강화하고 가치를 높이기 위해 투자 활동에 쓰거나 유보해둘 수도 있다. 어떤 선택을 하든 그것은 주주가 결정하는 것이다.

그런데 여기서 한 가지 생각해볼 것이 있다. 기업에 다니면서 급여를 받는 것과 기업의 주인이 되어서 투자에 대한 이익을 받는 것. 어떤 것이 더 유리할까? 기업에 입사하기 위해서는 채용이 되어야 한다. 주주와 구직자로서 계약행위를 하는 것이다. 그런데 구직자를 채용할 회사는 많지 않고, 회사에서 일하고 싶은 구직자는 많다.

이런 상황 속에서 주주는 훌륭한 구직자를 가장 저렴한 가격에 쓰려고 할 것이다. 그래야 급여와 같은 비용을 이익에서 다 제하고도 자신이 챙길 수 있는 이익이 많아질 것이기 때문이다. 저렴한 가격으로 우수한 인재와 고용계약을 맺으려는 주주와 높은 임금을 받고자 하는 구직자가 서로 고용계약을 맺으면 주주가 유리한 게 사실이다. 기업에서 일하고자 하는 구직자가 넘쳐나기 때문에 임금을 최저치로 설정할 수 있기 때문이다.

주주의 입장에서 임금을 낮게 주면 줄수록 기업은 경쟁력을 갖추고 보다 많은 이익을 창출할 수 있다. 그리고 그 이익은 주주의 주머니로 들어간다. 근로자는 열심히 일해도 돈을 많이 벌 수 없고, 주주들은 일하지 않아도 돈으로 많은 돈을 벌게 된다. 이것이 자본주의 사회의 모습이다.

기업뿐만이 아니다. 누구나 한 번쯤은 하는 부동산 임대차 계약에서도 집주인이 임차인보다 유리하다. 대한민국 땅은 한정되어있다. 특히 전체 인구의 4분의 1이 몰려 사는 서울의 땅은 더욱더 좁다. 서울에 대부분의 일자리가 몰려있기에 지방으로 내려가기도 힘들다. 대부분의 사람은 서울과 가까운 경기도에 집을 얻을 수도 있지만, 출퇴근 시간이 멀기 때문에 가급적 서울 안에 집을 구하려고 한다.

부동산 임대차계약의 상황을 간단하게 정리하면, 집을 가진 사람의 숫자는 적고 서울에 방을 구하려는 사람은 많은 상황이다. 수요와 공급의 원리에 의해서 수요는 많은데 공급은 적으므로 당연히 가격은 올라간다. 거기다가 지속해서 돈을 풀어 경제를 활성화하는 경제정책은 화폐가치를 떨어뜨리고 실물자산의 가치를 높인다. 이런 상황에서 집주인과 임차인 중 계약을 맺을 때 우위에 있는 사람은 누구일까? 구조적으로 집주인이 유리할 수밖에 없다.

그래서 나는 자본주의가 발달하면 발달할수록 '주'가 되어야 한다고 생각한다. 회사를 소유한 주주가 되든지, 부동산을 소유한 건물주가 되든지 말이다. 앞서 살펴보았듯 《21세기 자본》을 쓴 토마 피케티는 자본이 자본을 벌어들이는 속도가 경제성장의 속도보다 빠르다고 이야기했다. 자본주의 사회에서 자본은 주인이 될 수 있는 수단으로서 가치를 가진다. 결국 주인이 더 큰 주인이 되고, 주인이 아닌 자는 주인이 되기 더 힘들어진다는 의미다.

그래서 우리는 생각을 바꿔야 한다. '종從'의 마인드가 아니라 '주'의 마인드를 가져야 한다. 단순히 남이 한다는 이유로 대기업에 입사하는 게 아니라 자신만의 길을 만들거나 자신의 비즈니스를 해야 한다. 기업과 개인에게 자금을 빌려주는데 사용되는 저축예금만을 생각하는 것이 아니라 자본주의 사회에서 기업을 소유할 방법인 주식에 대해서도 생각해보고 고민해 봐야 한다.

이처럼 기존에 정해진 룰에 따라 생각하고 행동하는 것을 멈추고 그 룰 자체에 대해서 생각해보아야 한다. 이미 정해진 룰에는 경기를 지배하는 승자가 존재하고 그 경기에서 내가 살아남는다는 것은 굉장히 어렵다. 그런 악조건 속에서 그 룰의 승자가 되는 것보다는 새로운 룰을 만들어 승자가 되는 편이 훨씬 쉬운 일이다. 자본주의 사회에서 주인으로 살기 위해서는 자신에게 불리한 룰을 거부하고 새로운 경기의 룰을 만들어나갈 수 있는 주체적인 사고를 해야 한다.

04.

진짜 자유
= 경제적 자유

우리나라 노인의 실질 은퇴 연령은 72세라고 한다. 오랫동안 일을 할 수 있어서 좋은 것 아니냐고 생각할 수 있겠지만, 사실 그렇지 않다. 이 수치는 이렇게 오래 일을 해야만 살 수밖에 없는 현실을 보여주는 우울한 지표다. 공적 연금제도라든지, 개인의 은퇴 준비가 그만큼 되어있지 않기 때문에 72세까지 일할 수밖에 없다는 현실을 의미한다. 우리나라 사람들이 젊어서 열심히 일하지 않는 게 아니다. OECD에 따르면 우리나라 연평균 노동시간은 2,113시간으로 OECD 평균 1,766시간을 훨씬 웃도는 최장 노동시간 국가이다. 젊었을 때부터 이렇게 오랜 시간을 일해도 다른 나라들의 사람보다 더 늦은 나이까지 일해야만 하는 것이다.

» 명품과 사치를 위해서가 아닌 내 삶을 지키기 위해 필요한 돈

이는 우리가 삶을 자유롭게 누리기 위해서 가장 먼저 해결해야 할 것이 무엇인지 잘 보여준다. 경제적으로 자유롭지 못하면 우리는 대부분 시간을 일하는 데 사용해야 한다. 일을 통해서 성취를 얻으며 행복한 삶을 사는 사람에게는 문제가 되지 않겠지만, 자신의 행복이 일이 아닌 다른 것에 있는 사람이라면 이는 큰 불행이다. 그래서 우리는 경제적 자유를 이루어야 한다. 슈퍼카를 타고, 명품 옷을 입고, 고급 레스토랑에서 식사하기 위해서가 아니라 내 삶에서 주어진 시간을 제대로 지키기 위해서 돈이 필요하다. 그렇지 않으면 내 삶의 통제권을 다른 사람에게 빼앗긴다.

하지만 대부분 사람은 이러한 사실조차 모르고 있다. 자유를 누리기 위해서 자신의 자유를 팔고 있다는 것을 눈치채지 못한다. 하루 8시간 이상의 근무, 주 5일의 출퇴근을 하고 2일간 쉴 수 있는 시간을 얻는다. 2일간의 자유를 위해서 5일을 희생하고 있지만, 여기에 대해 문제가 있다고 생각하지 않는다. 이를 정상적인 삶의 모습이라고 생각한다. 대부분 사람이 이렇게 살아가고 있기 때문이다.

물론 모두가 그런 삶을 사는 것은 아니다. 소수의 사람은 자신의 삶을 온전히 자기가 하고 싶은 것으로 채워 살아간다. 그들은 바로 경제적 자유를 이룬 사람들이다. 경제적 자유를 이룬 사람들은 자신에게 주어진 시간을 남을 위해 사용하지 않는다. 온전히 자기 자신만을 위해 자신에게 주어진 시간을 활용한다. 그들은 어딘가로

가고 싶을 때 떠날 수 있으며, 하고 싶지 않은 것을 하지 않을 수 있다. 더 이상 삶이 돈에 휘둘리지 않기 때문이다. 따라서 우리는 하루라도 빨리 경제적 자유를 이뤄야 한다. 경제적 자유를 이루는 것은 선택의 문제가 아니라는 말이다. 우리의 소중한 삶을 지키기 위해서 반드시 달성해야 하는 목표다.

여기까지 공감을 한다면 우리의 고민은 '어떻게 해야 하루라도 빨리 경제적 자유를 이룰 수 있을 것인가'라는 질문으로 옮겨가야 한다. 20살 때 경제적 자유를 이루는 것과 60세에 경제적 자유를 이루는 것, 이 둘의 삶은 다르다. 내 삶이 소중하다고 생각하면 할수록 우리는 더더욱 조금이라도 더 빨리 경제적 자유를 이뤄야 한다.

하지만 대부분의 사람은 이런 목표를 세우지 않는다. 남보다 더 좋은 학교에 가서 남보다 더 좋은 직장에 들어가는 것을 삶의 목표로 삼는다. 그리고 직장에 들어가서는 어떻게 해야 오래 다닐 수 있을까를 고민한다. 하루라도 빨리 직장을 그만둘 방법을 고민하지 않는다. 그래서 너도나도 정년이 보장되는 직장에 몰린다. 60세 내지는 65세까지 정년이 보장되는 직장에 들어가기 위해 인생의 가장 소중한 시기인 젊음을 희생한다. 그리고 그렇게 안정적인 직장에 들어가면 이제 65세까지 일을 한다. 앞서 말했듯이 5일을 일하고 2일간의 자유를 얻는 삶을 산다.

이마저도 그 2일은 내가 하고 싶은 일을 할 수 있는 시간이라기보다는 또다시 5일을 일하기 위한 휴식 시간인 경우가 많다. 65세에 정년퇴직을 하면 남은 삶을 위해서 다시 새로운 일을 시작해야 한다. 퇴직금을 가지고는 긴 삶을 온전히 살아낼 수 없기 때문에 제2의 일을 새롭게 시작하는 것이다. 이것은 극히 소수만 해당하는 삶의 이야기가 아니다. 불행히도 우리의 삶 대부분이 이렇다. 경제적 자유의 중요성을 일찌감치 깨닫지 못하고 성실하게 일만 하면 된다고 생각해왔기 때문이다.

바로 여기에 우리가 경제적 자유의 중요성을 빨리 깨닫고 이를 이루기 위해 노력해야 하는 이유가 있다. 돈에 대한 공부를 시작하고, 소극적 소득을 만들어주는 시스템을 만들어야 하는 이유이기도 하다. 물론 이러한 선택을 하는 데는 어려움이 따른다. 남들과 다른 선택을 해야 하기 때문이다. 남처럼 막연히 대학교에 가고, 남처럼 회사에 다니고, 남처럼 월급 대부분을 소비하는 삶은 분명 경제적 자유를 이루는 데 시간이 오래 걸리거나 불가능하지만, 남이 모두 함께하기 때문에 편안하고 안전한 느낌을 가져다준다. 그리고 그 편안함 때문에 우리는 그 잘못된 길을 계속 걸어간다.

하지만 우리는 더 이상 그 길을 걸어서는 안 된다. 우리는 용기를 내야 한다. 용기를 내서 남들처럼이 아닌 남들과 다른 선택을 해야 한다. 그래야 비로소 경제적 자유로의 첫걸음을 뗄 수 있다.

우리가 경제적 자유를 이루는데 한 가지 다행인 것은 어떤 학교를 나왔든지, 어떤 직장을 다니든지, 지금 결혼을 했든지, 지금 한 달 소득이 얼마든지와 관계없이 누구나 노력한다면 경제적 자유를 이룰 수 있다는 것이다. 중요한 것은 경제적 자유를 이루겠다는 목표를 세우는 것과 그것을 실천할 수 있는 용기다.

» 진짜 자유 VS 거짓 자유

우리는 종종 자유를 혼동한다. 좋은 레스토랑에서 근사한 밥을 먹는 것, 1년에 한 번 해외에 나가는 것 등을 하면서 자신이 자유롭다고 생각한다. 그렇게 가끔 있는 일을 SNS에 올리고 그것이 내 인생의 전부인 양한다. 그렇게 사는 것은 1년에 10일도 채 되지 않지만, 그런 특별한 경험들이 내 삶을 반짝반짝 빛나게 한다. 나는 자유로운 삶을 살아가고 있다고 말해준다. 하지만 그것들을 하기 위해서 내가 보내고 있는 시간을 떠올려봐야 한다. 그것들을 하기 위해서 내가 1년 내내 일하고 있는 것은 아닌지, 오늘도 야근하는 것은 아닌지 말이다. 그렇다면 그것은 진정으로 자유로운 삶이 아니다. 자유로움을 가끔 느끼는 삶에 불과하다. 따라서 진정한 자유를 꿈꾼다면, 거짓된 자유에 현혹되지 말자. 진정한 자유는 경제적 자유를 이룬 뒤부터 누릴 수 있다.

에필로그 - '나'가 주인이 돼 돈 공부하기

　10년이 넘는 시간 동안 돈에 대한 공부를 해오면서 느낀 건 돈 공부에는 정말 끝이 없다는 사실이다. 사실 2008년 글로벌 금융위기만 살펴보더라도 전 세계적인 금융위기를 예측한 사람은 극소수였다. 전 세계 경제 석학들조차도 이런 경제위기가 올 것으로 예측하지 못했고, 예측한 사람도 대비하지 못했다. 이는 경제라는 것이 그만큼 알기 어렵다는 사실을 뜻한다.

　돈 공부를 어느 정도 하다 보면 '더 이상 새로운 게 없다'라는 생각이 드는 단계가 온다. 경제적인 지식이든, 주식에 대한 이론이든, 부동산투자에 대한 방법이든 일정 기간 수많은 책을 읽다 보면 어느 순간 내가 이제 모든 것을 다 안다는 생각이 든다. '아~ 이럴 땐 이런 거지', '이건 이래서 안 돼'라는 자신만의 판단기준이 생기기 때문이다. 물론 좋게 표현해서 판단기준이고 사실은 편견 내지 선입견이라는 표현이 더 올바른 표현일지도 모르겠다. 자신의 판단이 옳다는 생각이 드는 순간 그 판단 안에 자신이 갇히게 되는 것이다.

'블랙스완Black Swan'이라는 말이 있다. '블랙black'은 '검다'라는 뜻이고 '스완swan'은 '백조'를 의미한다. 우리말로 번역하면 검은 백조라는 의미인데 사실 이 말은 성립이 되지 않는다. 백조가 이미 희다는 의미를 담고 있기 때문이다. 하지만 실제로 블랙스완이 발견되었고, 경제학에서는 매우 이례적인 현상을 이야기할 때 '블랙스완'이라는 표현을 사용한다. 이처럼 우리가 사는 세계에서는 '절대'라든가 '무조건'이라는 말은 틀리기 쉽다. 그래서 자기가 이제 어느 정도 안다는 생각이 들 때, 그때가 투자자로서 가장 위험한 시기다.

나 역시 그런 시기를 거쳤다. 나는 블로그를 통해서 투자에 대한 지식이나 정보를 정리해두고 있다. 그 내용 중에는 세계적으로 유명한 투자자와 금융기관의 경제 전망, 그리고 내가 생각하는 예측을 적은 부분도 있다. 그 당시에는 나름 조사도 많이 하고 근거를 제시하면서 미래를 예측했다. 하지만 1년, 2년이 지난 지금에 와서 과거를 돌아보면 그 당시 했던 예측은 대부분 틀렸다.

예측이 틀리는 데는 많은 이유가 있다. 그 당시 근거로 했던 데이터가 잘못되었거나, 미처 살펴보지 못한 데이터가 있었거나, 잘못 해석했거나, 또 그 당시 변하지 않을 것이라고 가정한 상황들이 변하면서 예측은 틀린다. 경제는 살아 숨 쉬는 생물과도 같다는 말처럼, 애초부터 경제 예측은 불가능한 것일지도 모른다. 정부에서 부동산 규제책을 어느 시기에 어느 정도의 강도로 펼칠 것인지 까지 예측해서 경제전망을 할 수 있는 사람이 얼마나 될까? 없을 것이다.

그래서 우리는 전문가를 너무 신뢰해선 안 된다. 전문가 역시 우리와 같은 인간이기 때문에 그들도 한계가 있다. 그들의 이야기가 과거에 한두 번 맞을 수는 있어도 그것은 운이 좋아 맞아떨어진 것이라는 사실을 알아야 한다. 또 그들이 주장하는, 자신들이 맞췄다고 말하는 과거 대부분은 자신들의 틀린 예측은 모두 빼고 맞은 예측만 제시했을 확률이 높다. 따라서 전문가의 견해는 하나의 의견으로서 참고만 해야지 그 의견에 따라 자신의 모든 재산을 베팅해선 안 된다. 그것 역시도 본인 책임이라는 것을 분명히 알고 있어야 한다.

그렇다면 돈 공부를 하는 것이 의미가 없는 것일까? 그렇지 않다. 돈 공부를 하는 것은 분명히 부를 만드는 데 도움을 준다. 다만 우리가 돈 공부를 하는 것은 미래를 예측해서, 오지 않은 미래를 맞혀서 돈을 벌기 위한 것이 아니다. 내년에 아파트값이 오를지 떨어질지, 다음 달에 주식이 떨어질지 오를지를 예측하기 위해서 돈 공부를 하는 것이 아니라는 말이다.

시장이 어려워지면 우리가 어떤 대응을 해야 하고, 시장이 좋아지면 어떻게 판단하고 행동해야 하는지 알기 위해서 우리는 돈 공부를 하는 것이다. 즉 예측이 아닌 대응하기 위해서 돈 공부가 필요하다. 지금의 상황을 이해하기 위해서 과거의 사례를 공부할 필요가 있고, 미래의 상황을 그려보기 위해서 여러 가지 경제이론을 알아둘 필요가 있다. 이처럼 시장은 예측하는 것이 아니라 대응하는 것이기에 우리는 늘 돈 공부를 해야 한다. 어떻게 급변할지 모르는 시장을 이해하고 대비하기 위해서는 다양하고 많은 지식이 필요하기 때문이다.

그런데 한 가지 아이러니한 것은 우리가 미래를 예측할 수 없다는 사실은, 역설적이게도 투자에 있어서 가장 중요한 것이 지식이 아니라는 사실을 의미한다는 것이다. 평생을 공부한 경제 석학조차도 경제위기를 예측할 수 없고 제대로 대비할 수 없다면, 과연 투자자 간에 지식의 차이라는 것이 얼마나 날 것이며, 난다고 하더라도 그 차이가 투자 성과에 미치는 영향은 얼마나 되겠는가 하는 것이다. 세계적으로 큰 성공을 거둔 투자자가 경제 석학이 아니라는 사실은 투자에 있어서 경제 지식만큼이나 더 중요한 뭔가가 있다는 것을 암시한다.

그것은 바로 투자철학, 결단력, 위기를 두려워하지 않는 담대함이다. 결국 우리가 공부하는 다양한 돈에 대한 지식은 우리의 판단과 행동을 돕는 도구다. 똑같은 수업을 듣고, 똑같은 지식을 가진 사람이 투자하더라도 투자 결과가 모두 다른 이유가 바로 여기에 있다. 그래서 우리는 돈 공부의 완성이 자신만의 투자철학을 정립하고 그에 맞춰 본인만의 투자스타일을 만들어 가는데 있다는 것을 알아야 한다.

우리가 앞으로 살아가는 동안 수없이 많은 위기와 호황이 올 것이다. 그리고 지금까지 없었던 상황도 맞이하게 될 것이다. 그러나 빠른 속도로 변하는 경제 상황에 휘둘리지 않고 확고한 투자철학을 바탕으로 자신의 투자스타일을 지켜나가는 투자자만이 결국 어려운 상황에서 살아남아 큰 기회를 잡을 것이다. 어떤 상황에도 흔들리지 않는 자신만의 스타일 만들기, 이것이 바로 우리가 돈 공부를 통해 추구해야 할 최고 목표다.

참고문헌

3부_02.   부의 경기에는 신호탄이 없다
- 김홍수, "주택 최대보유자는 부산 거주 60대… 어린 임대사업자는 2살", 〈SBS NEWS〉, 2018.10.04.

7부_04.   '주'님의 시대가 온다. '소유권'
- 전재홍, "변호사, 의사 '선망의 직업' 옛말? 실업에 파산까지", 〈MBC NEWS〉, 2014.01.30
- 김현아 · 김성훈, "수십억 연봉에 연예인급 인기… 인터넷 스타강사의 빛과 그늘", 〈문화일보〉, 2017.03.15

7부_05.   진정한 자유의 시작, '경제적 자유'
- 해럴드경제 사회팀, "실질은퇴는 72세… 노인 10명 중 3명 살기 위해 다시 일한다", 〈해럴드경제〉, 2018.11.29.
- 김도형, "노동시간 최장 한국, 생산성은 OECD 68% 수준", 〈동아닷컴〉, 2017.07.03

토익 공부보다 돈 공부

1판 1쇄 인쇄 | 2019년 3월 15일
1판 1쇄 발행 | 2019년 3월 22일
1판 3쇄 발행 | 2021년 4월 2일

지은이 이권복 (꿈꾸는 자본가)
펴낸이 김기옥

경제경영팀장 모민원
기획 편집 변호이, 박지선
커뮤니케이션 플래너 박진모
경영지원 고광현, 임민진
제작 김형식

디자인 this-cover.com
인쇄·제본 민언프린텍

펴낸곳 한스미디어(한즈미디어(주))
주소 121-839 서울특별시 마포구 양화로 11길 13(서교동, 강원빌딩 5층)
전화 02-707-0337 | **팩스** 02-707-0198 | **홈페이지** www.hansmedia.com
출판신고번호 제 313-2003-227호 | **신고일자** 2003년 6월 25일

ISBN 979-11-6007-348-5 (13320)